T&P BOOKS

CHECO
VOCABULÁRIO

PORTUGUÊS BRASILEIRO

PORTUGUÊS CHECO

Para alargar o seu léxico e apurar
as suas competências linguísticas

3000 palavras

Vocabulário Português Brasileiro-Checo - 3000 palavras

Por Andrey Taranov

Os vocabulários da T&P Books destinam-se a ajudar a aprender, a memorizar, e a rever palavras estrangeiras. O dicionário é dividido em temas, cobrindo todas as principais esferas de atividades quotidianas, negócios, ciência, cultura, etc.

O processo de aprendizagem, utilizando os dicionários baseados em temáticas da T&P Books dá-lhe as seguintes vantagens:

- Informação de origem corretamente agrupada predetermina o sucesso em fases subsequentes da memorização de palavras
- Disponibilização de palavras derivadas da mesma raiz, o que permite a memorização de unidades de texto (em vez de palavras separadas)
- Pequenas unidades de palavras facilitam o processo de estabelecimento de vínculos associativos necessários para a consolidação do vocabulário
- O nível de conhecimento da língua pode ser estimado pelo número de palavras aprendidas

T&P Books Publishing
www.tpbooks.com

ISBN: 978-1-78767-444-8

Este livro também está disponível em formato E-book.
Por favor visite www.tpbooks.com ou as principais livrarias on-line.

VOCABULÁRIO CHECO
palavras mais úteis

Os vocabulários da T&P Books destinam-se a ajudar a aprender, a memorizar, e a rever palavras estrangeiras. O vocabulário contém mais de 3000 palavras de uso comum organizadas tematicamente.

O vocabulário contém as palavras mais comummente usadas
Recomendado como adicional para qualquer curso de línguas
Satisfaz as necessidades dos iniciados e dos alunos avançados de línguas estrangeiras
Conveniente para o uso diário, sessões de revisão e atividades de auto-teste
Permite avaliar o seu vocabulário

Características especias do vocabulário

- As palavras estão organizadas de acordo com o seu significado, e não por ordem alfabética
- As palavras são apresentadas em três colunas para facilitar os processos de revisão e auto-teste
- As palavras compostas são divididas em pequenos blocos para facilitar o processo de aprendizagem
- O vocabulário oferece uma transcrição simples e adequada de cada palavra estrangeira

O vocabulário contém 101 tópicos incluindo:

Conceitos básicos, Números, Cores, Meses, Estações do ano, Unidades de medida, Roupas & Acessórios, Alimentos & Nutrição, Restaurante, Membros da Família, Parentes, Caráter, Sentimentos, Emoções, Doenças, Cidade, Passeios, Compras, Dinheiro, Casa, Lar, Escritório, Trabalho no Escritório, Importação & Exportação, Marketing, Pesquisa de Emprego, Esportes, Educação, Computador, Internet, Ferramentas, Natureza, Países, Nacionalidades e muito mais ...

TABELA DE CONTEÚDOS

GUIA DE PRONUNCIAÇÃO

Alfabeto fonético T&P	Exemplo Checo	Exemplo Português
[a]	lavina [lavɪna]	chamar
[aː]	banán [banaːn]	rapaz
[e]	beseda [bɛsɛda]	metal
[ɛː]	chléb [xlɛːp]	plateia
[ɪ]	Bible [bɪblɛ]	sinônimo
[iː]	chudý [xudiː]	cair
[o]	epocha [ɛpoxa]	lobo
[oː]	diagnóza [dɪagnoːza]	albatroz
[u]	dokument [dokumɛnt]	bonita
[uː]	chůva [xuːva]	blusa
[b]	babička [babɪt͡ʃka]	barril
[t͡s]	celnice [t͡sɛlnɪt͡sɛ]	tsé-tsé
[t͡ʃ]	vlčák [vlt͡ʃaːk]	Tchau!
[x]	archeologie [arxɛologɪe]	fricativa uvular surda
[d]	delfín [dɛlfiːn]	dentista
[dʲ]	Holanďan [holandʲan]	adiar
[f]	atmosféra [atmosfɛːra]	safári
[g]	galaxie [galaksɪe]	gosto
[h]	knihovna [knɪhovna]	[h] aspirada
[j]	jídlo [jiːdlo]	Vietnã
[k]	zaplakat [zaplakat]	aquilo
[l]	chlapec [xlapɛt͡s]	libra
[m]	modelář [modɛlaːrʃ]	magnólia
[n]	imunita [ɪmunɪta]	natureza
[nʲ]	báseň [baːsɛnʲ]	ninhada
[ŋk]	vstupenka [vstupɛŋka]	alavanca
[p]	poločas [polot͡ʃas]	presente
[r]	senátor [sɛnaːtor]	riscar
[rʒ], [rʃ]	bouřka [bourʃka]	voz
[s]	svoboda [svoboda]	sanita
[ʃ]	šiška [ʃɪʃka]	mês
[t]	turista [turɪsta]	tulipa
[tʲ]	poušť [pouʃtʲ]	sitiar
[v]	veverka [vɛvɛrka]	fava
[z]	zapomínat [zapomiːnat]	sésamo
[ʒ]	ložisko [loʒɪsko]	talvez

ABREVIATURAS
usadas no vocabulário

Abreviaturas do Português

adj	-	adjetivo
adv	-	advérbio
anim.	-	animado
conj.	-	conjunção
desp.	-	esporte
etc.	-	Etcetera
ex.	-	por exemplo
f	-	nome feminino
f pl	-	feminino plural
fem.	-	feminino
inanim.	-	inanimado
m	-	nome masculino
m pl	-	masculino plural
m, f	-	masculino, feminino
masc.	-	masculino
mat.	-	matemática
mil.	-	militar
pl	-	plural
prep.	-	preposição
pron.	-	pronome
sb.	-	sobre
sing.	-	singular
v aux	-	verbo auxiliar
vi	-	verbo intransitivo
vi, vt	-	verbo intransitivo, transitivo
vr	-	verbo reflexivo
vt	-	verbo transitivo

Abreviaturas do Checo

ž	-	nome feminino
ž mn	-	feminino plural
m	-	nome masculino
m mn	-	masculino plural
m, ž	-	masculino, feminino
mn	-	plural
s	-	neutro
s mn	-	neutro plural

CONCEITOS BÁSICOS

1. Pronomes

eu	já	[ja:]
você	ty	[tɪ]
ele	on	[on]
ela	ona	[ona]
nós	my	[mɪ]
vocês	vy	[vɪ]
eles, elas (inanim.)	ony	[onɪ]
eles, elas (anim.)	oni	[onɪ]

2. Cumprimentos. Saudações

Oi!	Dobrý den!	[dobri: dɛn]
Olá!	Dobrý den!	[dobri: dɛn]
Bom dia!	Dobré jitro!	[dobrɛ: jɪtro]
Boa tarde!	Dobrý den!	[dobri: dɛn]
Boa noite!	Dobrý večer!	[dobri: vɛtʃɛr]
cumprimentar (vt)	zdravit	[zdravɪt]
Oi!	Ahoj!	[ahoj]
saudação (f)	pozdrav (m)	[pozdraf]
saudar (vt)	zdravit	[zdravɪt]
Tudo bem?	Jak se máte?	[jak sɛ ma:tɛ]
E aí, novidades?	Co je nového?	[tso jɛ novɛ:ho]
Tchau! Até logo!	Na shledanou!	[na sxlɛdanou]
Até breve!	Brzy na shledanou!	[brzɪ na sxlɛdanou]
Adeus!	Sbohem!	[zbohɛm]
despedir-se (dizer adeus)	loučit se	[loutʃɪt sɛ]
Até mais!	Ahoj!	[ahoj]
Obrigado! -a!	Děkuji!	[dekujɪ]
Muito obrigado! -a!	Děkuji mnohokrát!	[dekujɪ mnohokra:t]
De nada	Prosím	[prosi:m]
Não tem de quê	Nemoci se dočkat	[nɛmotsɪ sɛ dotʃkat]
Não foi nada!	Není zač	[nɛni: zatʃ]
Desculpa!	Promiň!	[promɪnʲ]
Desculpe!	Promiňte!	[promɪnʲtɛ]
desculpar (vt)	omlouvat	[omlouvat]
desculpar-se (vr)	omlouvat se	[omlouvat sɛ]
Me desculpe	Má soustrast	[ma: soustrast]

Desculpe!	Promiňte!	[promɪnˈtɛ]
perdoar (vt)	omlouvat	[omlouvat]
por favor	prosím	[prosi:m]

Não se esqueça!	Nezapomeňte!	[nɛzapomɛnˈtɛ]
Com certeza!	Jistě!	[jɪste]
Claro que não!	Rozhodně ne!	[rozhodne nɛ]
Está bem! De acordo!	Souhlasím!	[souhlasi:m]
Chega!	Dost!	[dost]

3. Questões

Quem?	Kdo?	[gdo]
O que?	Co?	[ʦo]
Onde?	Kde?	[gdɛ]
Para onde?	Kam?	[kam]
De onde?	Odkud?	[otkut]
Quando?	Kdy?	[gdɪ]
Para quê?	Proč?	[proʧ]
Por quê?	Proč?	[proʧ]

Para quê?	Na co?	[na ʦo]
Como?	Jak?	[jak]
Qual (~ é o problema?)	Jaký?	[jaki:]
Qual (~ deles?)	Který?	[ktɛri:]

A quem?	Komu?	[komu]
De quem?	O kom?	[o kom]
Do quê?	O čem?	[o ʧɛm]
Com quem?	S kým?	[s ki:m]

| Quanto, -os, -as? | Kolik? | [kolɪk] |
| De quem? (masc.) | Čí? | [ʧi:] |

4. Preposições

com (prep.)	s, se	[s], [sɛ]
sem (prep.)	bez	[bɛz]
a, para (exprime lugar)	do	[do]
sobre (ex. falar ~)	o	[o]
antes de ...	před	[prʃɛt]
em frente de ...	před	[prʃɛt]

debaixo de ...	pod	[pot]
sobre (em cima de)	nad	[nat]
em ..., sobre ...	na	[na]

| de, do (sou ~ Rio de Janeiro) | z | [z] |
| de (feito ~ pedra) | z | [z] |

| em (~ 3 dias) | za | [za] |
| por cima de ... | přes | [prʃɛs] |

5. Palavras funcionais. Advérbios. Parte 1

Onde?	Kde?	[gdɛ]
aqui	zde	[zdɛ]
lá, ali	tam	[tam]

em algum lugar	někde	[negdɛ]
em lugar nenhum	nikde	[nɪgdɛ]

perto de ...	u ...	[u]
perto da janela	u okna	[u okna]

Para onde?	Kam?	[kam]
aqui	sem	[sɛm]
para lá	tam	[tam]
daqui	odsud	[otsut]
de lá, dali	odtamtud	[odtamtut]

perto	blízko	[bliːsko]
longe	daleko	[dalɛko]

perto de ...	kolem	[kolɛm]
à mão, perto	poblíž	[pobliːʒ]
não fica longe	nedaleko	[nɛdalɛko]

esquerdo (adj)	levý	[lɛviː]
à esquerda	zleva	[zlɛva]
para a esquerda	vlevo	[vlɛvo]

direito (adj)	pravý	[praviː]
à direita	zprava	[sprava]
para a direita	vpravo	[vpravo]

em frente	zpředu	[sprʃɛdu]
da frente	přední	[prʃɛdniː]
adiante (para a frente)	vpřed	[vprʃɛt]

atrás de ...	za	[za]
de trás	zezadu	[zɛzadu]
para trás	zpět	[spet]

meio (m), metade (f)	střed (m)	[strʃɛt]
no meio	uprostřed	[uprostrʃɛt]

do lado	z boku	[z boku]
em todo lugar	všude	[vʃudɛ]
por todos os lados	kolem	[kolɛm]

de dentro	zevnitř	[zɛvnɪtrʃ]
para algum lugar	někam	[nekam]
diretamente	přímo	[prʃiːmo]
de volta	zpět	[spet]

de algum lugar	odněkud	[odnekut]
de algum lugar	odněkud	[odnekut]

em primeiro lugar	za prvé	[za prvɛ:]
em segundo lugar	za druhé	[za druhɛ:]
em terceiro lugar	za třetí	[za trʃɛti:]

de repente	najednou	[najɛdnou]
no início	zpočátku	[spotʃa:tku]
pela primeira vez	poprvé	[poprvɛ:]
muito antes de ...	dávno před ...	[da:vno prʃɛt]
de novo	znovu	[znovu]
para sempre	navždy	[navʒdɪ]

nunca	nikdy	[nɪgdɪ]
de novo	opět	[opet]
agora	nyní	[nɪni:]
frequentemente	často	[tʃasto]
então	tehdy	[tɛhdɪ]
urgentemente	neodkladně	[nɛotkladne]
normalmente	obyčejně	[obɪtʃɛjne]

a propósito, ...	mimochodem	[mɪmoxodɛm]
é possível	možná	[moʒna:]
provavelmente	asi	[asɪ]
talvez	možná	[moʒna:]
além disso, ...	kromě toho ...	[kromne toho]
por isso ...	proto ...	[proto]
apesar de ...	nehledě na ...	[nɛhlɛde na]
graças a ...	díky ...	[di:kɪ]

que (pron.)	co	[tso]
que (conj.)	že	[ʒe]
algo	něco	[nɛtso]
alguma coisa	něco	[nɛtso]
nada	nic	[nɪts]

quem	kdo	[gdo]
alguém (~ que ...)	někdo	[negdo]
alguém (com ~)	někdo	[negdo]

ninguém	nikdo	[nɪgdo]
para lugar nenhum	nikam	[nɪkam]
de ninguém	ničí	[nɪtʃi:]
de alguém	něčí	[netʃi:]

tão	tak	[tak]
também (gostaria ~ de ...)	také	[takɛ:]
também (~ eu)	také	[takɛ:]

6. Palavras funcionais. Advérbios. Parte 2

Por quê?	Proč?	[protʃ]
por alguma razão	z nějakých důvodů	[z nejaki:x du:vodu:]
porque ...	protože ...	[protoʒe]
por qualquer razão	z nějakých důvodů	[z nejaki:x du:vodu:]
e (tu ~ eu)	a	[a]

ou (ser ~ não ser)	nebo	[nɛbo]
mas (porém)	ale	[alɛ]
para (~ a minha mãe)	pro	[pro]

muito, demais	příliš	[prʃiːlɪʃ]
só, somente	jenom	[jɛnom]
exatamente	přesně	[prʃɛsne]
cerca de (~ 10 kg)	kolem	[kolɛm]

aproximadamente	přibližně	[prʃɪblɪʒne]
aproximado (adj)	přibližný	[prʃɪblɪʒniː]
quase	skoro	[skoro]
resto (m)	zbytek (m)	[zbɪtɛk]

cada (adj)	každý	[kaʒdiː]
qualquer (adj)	každý	[kaʒdiː]
muito, muitos, muitas	mnoho	[mnoho]
muitas pessoas	mnozí	[mnoziː]
todos	všichni	[vʃɪxnɪ]

em troca de ...	výměnou za ...	[viːmnenou za]
em troca	místo	[miːsto]
à mão	ručně	[rutʃne]
pouco provável	sotva	[sotva]

provavelmente	asi	[asɪ]
de propósito	schválně	[sxvaːlne]
por acidente	náhodou	[naːhodou]

muito	velmi	[vɛlmɪ]
por exemplo	například	[naprʃiːklat]
entre	mezi	[mɛzɪ]
entre (no meio de)	mezi	[mɛzɪ]
tanto	tolik	[tolɪk]
especialmente	zejména	[zɛjmɛːna]

NÚMEROS. DIVERSOS

7. Números cardinais. Parte 1

zero	nula (ž)	[nula]
um	jeden	[jɛdɛn]
dois	dva	[dva]
três	tři	[trʃɪ]
quatro	čtyři	[ʧtɪrʒɪ]
cinco	pět	[pet]
seis	šest	[ʃɛst]
sete	sedm	[sɛdm]
oito	osm	[osm]
nove	devět	[dɛvet]
dez	deset	[dɛsɛt]
onze	jedenáct	[jɛdɛna:ʦt]
doze	dvanáct	[dvana:ʦt]
treze	třináct	[trʃɪna:ʦt]
catorze	čtrnáct	[ʧtrna:ʦt]
quinze	patnáct	[patna:ʦt]
dezesseis	šestnáct	[ʃɛstna:ʦt]
dezessete	sedmnáct	[sɛdmna:ʦt]
dezoito	osmnáct	[osmna:ʦt]
dezenove	devatenáct	[dɛvatɛna:ʦt]
vinte	dvacet	[dvaʦɛt]
vinte e um	dvacet jeden	[dvaʦɛt jɛdɛn]
vinte e dois	dvacet dva	[dvaʦɛt dva]
vinte e três	dvacet tři	[dvaʦɛt trʃɪ]
trinta	třicet	[trʃɪʦɛt]
trinta e um	třicet jeden	[trʃɪʦɛt jɛdɛn]
trinta e dois	třicet dva	[trʃɪʦɛt dva]
trinta e três	třicet tři	[trʃɪʦɛt trʃɪ]
quarenta	čtyřicet	[ʧtɪrʒɪʦɛt]
quarenta e um	čtyřicet jeden	[ʧtɪrʒɪʦɛt jɛdɛn]
quarenta e dois	čtyřicet dva	[ʧtɪrʒɪʦɛt dva]
quarenta e três	čtyřicet tři	[ʧtɪrʒɪʦɛt trʃɪ]
cinquenta	padesát	[padesa:t
cinquenta e um	padesát jeden	[padesa:t jɛdɛn]
cinquenta e dois	padesát dva	[padesa:t dva]
cinquenta e três	padesát tři	[padesa:t trʃɪ]
sessenta	šedesát	[ʃɛdɛsa:t
sessenta e um	šedesát jeden	[ʃɛdɛsa:t jɛdɛn]

| sessenta e dois | šedesát dva | [ʃɛdɛsa:t dva] |
| sessenta e três | šedesát tři | [ʃɛdɛsa:t trʃɪ] |

setenta	sedmdesát	[sɛdmdɛsa:t
setenta e um	sedmdesát jeden	[sɛdmdɛsa:t jɛdɛn]
setenta e dois	sedmdesát dva	[sɛdmdɛsa:t dva]
setenta e três	sedmdesát tři	[sɛdmdɛsa:t trʃɪ]

oitenta	osmdesát	[osmdɛsa:t
oitenta e um	osmdesát jeden	[osmdɛsa:t jɛdɛn]
oitenta e dois	osmdesát dva	[osmdɛsa:t dva]
oitenta e três	osmdesát tři	[osmdɛsa:t trʃɪ]

noventa	devadesát	[dɛvadɛsa:t
noventa e um	devadesát jeden	[dɛvadɛsa:t jɛdɛn]
noventa e dois	devadesát dva	[dɛvadɛsa:t dva]
noventa e três	devadesát tři	[dɛvadɛsa:t trʃɪ]

8. Números cardinais. Parte 2

cem	sto	[sto]
duzentos	dvě stě	[dve ste]
trezentos	tři sta	[trʃɪ sta]
quatrocentos	čtyři sta	[ʧtɪrʒɪ sta]
quinhentos	pět set	[pet sɛt]

seiscentos	šest set	[ʃɛst sɛt]
setecentos	sedm set	[sɛdm sɛt]
oitocentos	osm set	[osm sɛt]
novecentos	devět set	[dɛvet sɛt]

mil	tisíc (m)	[tɪsi:ʦ]
dois mil	dva tisíce	[dva tɪsi:ʦɛ]
três mil	tři tisíce	[trʃɪ tɪsi:ʦɛ]
dez mil	deset tisíc	[dɛsɛt tɪsi:ʦ]
cem mil	sto tisíc	[sto tɪsi:ʦ]
um milhão	milión (m)	[mɪlɪo:n]
um bilhão	miliarda (ž)	[mɪlɪarda]

9. Números ordinais

primeiro (adj)	první	[prvni:]
segundo (adj)	druhý	[druhi:]
terceiro (adj)	třetí	[trʃɛti:]
quarto (adj)	čtvrtý	[ʧtvrti:]
quinto (adj)	pátý	[pa:ti:]

sexto (adj)	šestý	[ʃɛsti:]
sétimo (adj)	sedmý	[sɛdmi:]
oitavo (adj)	osmý	[osmi:]
nono (adj)	devátý	[dɛva:ti:]
décimo (adj)	desátý	[dɛsa:ti:]

CORES. UNIDADES DE MEDIDA

10. Cores

cor (f)	**barva** (ž)	[barva]
tom (m)	**odstín** (m)	[otsti:n]
tonalidade (m)	**tón** (m)	[to:n]
arco-íris (m)	**duha** (ž)	[duha]
branco (adj)	**bílý**	[bi:li:]
preto (adj)	**černý**	[ʧɛrni:]
cinza (adj)	**šedý**	[ʃɛdi:]
verde (adj)	**zelený**	[zɛlɛni:]
amarelo (adj)	**žlutý**	[ʒluti:]
vermelho (adj)	**červený**	[ʧɛrvɛni:]
azul (adj)	**modrý**	[modri:]
azul claro (adj)	**bledě modrý**	[blɛde modri:]
rosa (adj)	**růžový**	[ru:ʒovi:]
laranja (adj)	**oranžový**	[oranʒovi:]
violeta (adj)	**fialový**	[fɪalovi:]
marrom (adj)	**hnědý**	[hnedi:]
dourado (adj)	**zlatý**	[zlati:]
prateado (adj)	**stříbřitý**	[strʃi:brʒɪti:]
bege (adj)	**béžový**	[bɛ:ʒovi:]
creme (adj)	**krémový**	[krɛ:movi:]
turquesa (adj)	**tyrkysový**	[tɪrkɪsovi:]
vermelho cereja (adj)	**višňový**	[vɪʃnʲovi:]
lilás (adj)	**lila**	[lɪla]
carmim (adj)	**malinový**	[malɪnovi:]
claro (adj)	**světlý**	[svetli:]
escuro (adj)	**tmavý**	[tmavi:]
vivo (adj)	**jasný**	[jasni:]
de cor	**barevný**	[barɛvni:]
a cores	**barevný**	[barɛvni:]
preto e branco (adj)	**černobílý**	[ʧɛrnobi:li:]
unicolor (de uma só cor)	**jednobarevný**	[jɛdnobarɛvni:]
multicolor (adj)	**různobarevný**	[ru:znobarɛvni:]

11. Unidades de medida

peso (m)	**váha** (ž)	[va:ha]
comprimento (m)	**délka** (ž)	[dɛ:lka]

largura (f)	šířka (ž)	[ʃiːrʃka]
altura (f)	výška (ž)	[viːʃka]
profundidade (f)	hloubka (ž)	[hloupka]
volume (m)	objem (m)	[objɛm]
área (f)	plocha (ž)	[ploxa]

grama (m)	gram (m)	[gram]
miligrama (m)	miligram (m)	[mɪlɪgram]
quilograma (m)	kilogram (m)	[kɪlogram]
tonelada (f)	tuna (ž)	[tuna]
libra (453,6 gramas)	libra (ž)	[lɪbra]
onça (f)	unce (ž)	[untsɛ]

metro (m)	metr (m)	[mɛtr]
milímetro (m)	milimetr (m)	[mɪlɪmɛtr]
centímetro (m)	centimetr (m)	[tsɛntɪmɛtr]
quilômetro (m)	kilometr (m)	[kɪlomɛtr]
milha (f)	míle (ž)	[miːlɛ]

polegada (f)	coul (m)	[tsoul]
pé (304,74 mm)	stopa (ž)	[stopa]
jarda (914,383 mm)	yard (m)	[jart]

| metro (m) quadrado | čtvereční metr (m) | [tʃtvɛrɛtʃni: mɛtr] |
| hectare (m) | hektar (m) | [hɛktar] |

litro (m)	litr (m)	[lɪtr]
grau (m)	stupeň (m)	[stupɛnj]
volt (m)	volt (m)	[volt]
ampère (m)	ampér (m)	[ampɛːr]
cavalo (m) de potência	koňská síla (ž)	[konjska: siːla]

quantidade (f)	množství (s)	[mnoʒstviː]
um pouco de ...	trochu ...	[troxu]
metade (f)	polovina (ž)	[polovɪna]
dúzia (f)	tucet (m)	[tutsɛt]
peça (f)	kus (m)	[kus]

| tamanho (m), dimensão (f) | rozměr (m) | [rozmner] |
| escala (f) | měřítko (s) | [mnerʒiːtko] |

mínimo (adj)	minimální	[mɪnɪma:lni:]
menor, mais pequeno	nejmenší	[nɛjmɛnʃi:]
médio (adj)	střední	[strʃɛdni:]
máximo (adj)	maximální	[maksɪma:lni:]
maior, mais grande	největší	[nɛjvetʃi:]

12. Recipientes

pote (m) de vidro	sklenice (ž)	[sklɛnɪtsɛ]
lata (~ de cerveja)	plechovka (ž)	[plɛxofka]
balde (m)	vědro (s)	[vedro]
barril (m)	sud (m)	[sut]
bacia (~ de plástico)	mísa (ž)	[miːsa]

tanque (m)	nádrž (ž)	[na:drʃ]
cantil (m) de bolso	plochá láhev (ž)	[ploxa: la:gɛf]
galão (m) de gasolina	kanystr (m)	[kanɪstr]
cisterna (f)	cisterna (ž)	[tsɪstɛrna]
caneca (f)	hrníček (m)	[hrni:tʃɛk]
xícara (f)	šálek (m)	[ʃa:lɛk]
pires (m)	talířek (m)	[tali:rʒɛk]
copo (m)	sklenice (ž)	[sklɛnɪtsɛ]
taça (f) de vinho	sklenka (ž)	[sklɛŋka]
panela (f)	hrnec (m)	[hrnɛts]
garrafa (f)	láhev (ž)	[la:hɛf]
gargalo (m)	hrdlo (s)	[hrdlo]
jarra (f)	karafa (ž)	[karafa]
jarro (m)	džbán (m)	[dʒba:n]
recipiente (m)	nádoba (ž)	[na:doba]
pote (m)	hrnec (m)	[hrnɛts]
vaso (m)	váza (ž)	[va:za]
frasco (~ de perfume)	flakón (m)	[flako:n]
frasquinho (m)	lahvička (ž)	[lahvɪtʃka]
tubo (m)	tuba (ž)	[tuba]
saco (ex. ~ de açúcar)	pytel (m)	[pɪtɛl]
sacola (~ plastica)	sáček (m)	[sa:tʃɛk]
maço (de cigarros, etc.)	balíček (m)	[bali:tʃɛk]
caixa (~ de sapatos, etc.)	krabice (ž)	[krabɪtsɛ]
caixote (~ de madeira)	schránka (ž)	[sxra:ŋka]
cesto (m)	koš (m)	[koʃ]

VERBOS PRINCIPAIS

13. Os verbos mais importantes. Parte 1

abrir (vt)	otvírat	[otvi:rat]
acabar, terminar (vt)	končit	[kontʃɪt]
aconselhar (vt)	radit	[radɪt]
adivinhar (vt)	rozluštit	[rozluʃtɪt]
advertir (vt)	upozorňovat	[upozorniovat]
ajudar (vt)	pomáhat	[poma:hat]
almoçar (vi)	obědvat	[obedvat]
alugar (~ um apartamento)	pronajímat si	[pronaji:mat sɪ]
amar (pessoa)	milovat	[mɪlovat]
ameaçar (vt)	vyhrožovat	[vɪhroʒovat]
anotar (escrever)	zapisovat si	[zapɪsovat sɪ]
apressar-se (vr)	spěchat	[spexat]
arrepender-se (vr)	litovat	[lɪtovat]
assinar (vt)	podepisovat	[podɛpɪsovat]
brincar (vi)	žertovat	[ʒertovat]
brincar, jogar (vi, vt)	hrát	[hra:t]
buscar (vt)	hledat	[hlɛdat]
caçar (vi)	lovit	[lovɪt]
cair (vi)	padat	[padat]
cavar (vt)	rýt	[ri:t]
chamar (~ por socorro)	volat	[volat]
chegar (vi)	přijíždět	[prʃɪji:ʒdet]
chorar (vi)	plakat	[plakat]
começar (vt)	začínat	[zatʃi:nat]
comparar (vt)	porovnávat	[porovna:vat]
concordar (dizer "sim")	souhlasit	[souhlasɪt]
confiar (vt)	důvěřovat	[du:verʒovat]
confundir (equivocar-se)	plést	[plɛ:st]
conhecer (vt)	znát	[zna:t]
contar (fazer contas)	počítat	[potʃi:tat]
contar com ...	spoléhat na ...	[spolɛ:hat na]
continuar (vt)	pokračovat	[pokratʃovat]
controlar (vt)	kontrolovat	[kontrolovat]
convidar (vt)	zvát	[zva:t]
correr (vi)	běžet	[beʒet]
criar (vt)	vytvořit	[vɪtvorʒɪt]
custar (vt)	stát	[sta:t]

14. Os verbos mais importantes. Parte 2

dar (vt)	dávat	[da:vat]
dar uma dica	narážet	[nara:ʒet]
decorar (enfeitar)	zdobit	[zdobɪt]
defender (vt)	bránit	[bra:nɪt]
deixar cair (vt)	pouštět	[pouʃtet]

descer (para baixo)	jít dolů	[ji:t dolu:]
desculpar-se (vr)	omlouvat se	[omlouvat sɛ]
dirigir (~ uma empresa)	řídit	[rʒi:dɪt]
discutir (notícias, etc.)	projednávat	[projɛdna:vat]

disparar, atirar (vi)	střílet	[strʃi:lɛt]
dizer (vt)	říci	[rʒi:tsɪ]
duvidar (vt)	pochybovat	[poxɪbovat]
encontrar (achar)	nacházet	[naxa:zɛt]
enganar (vt)	podvádět	[podva:det]

entender (vt)	rozumět	[rozumnet]
entrar (na sala, etc.)	vcházet	[vxa:zet]
enviar (uma carta)	odesílat	[odɛsi:lat]
errar (enganar-se)	mýlit se	[mi:lɪt sɛ]
escolher (vt)	vybírat	[vɪbi:rat]

esconder (vt)	schovávat	[sxova:vat]
escrever (vt)	psát	[psa:t]
esperar (aguardar)	čekat	[tʃɛkat]
esperar (ter esperança)	doufat	[doufat]
esquecer (vt)	zapomínat	[zapomi:nat]

estudar (vt)	studovat	[studovat]
exigir (vt)	žádat	[ʒa:dat]
existir (vi)	existovat	[ɛgzɪstovat]
explicar (vt)	vysvětlovat	[vɪsvetlovat]

falar (vi)	mluvit	[mluvɪt]
faltar (a la escuela, etc.)	zameškávat	[zameʃka:vat]
fazer (vt)	dělat	[delat]

| ficar em silêncio | mlčet | [mltʃɛt] |
| gabar-se (vr) | vychloubat se | [vɪxloubat sɛ] |

gostar (apreciar)	líbit se	[li:bɪt sɛ]
gritar (vi)	křičet	[krʃɪtʃɛt]
guardar (fotos, etc.)	zachovávat	[zaxova:vat]

| informar (vt) | informovat | [ɪnformovat] |
| insistir (vi) | trvat | [trvat] |

insultar (vt)	urážet	[ura:ʒet]
interessar-se (vr)	zajímat se	[zaji:mat sɛ]
ir (a pé)	jít	[ji:t]
ir nadar	koupat se	[koupat sɛ]
jantar (vi)	večeřet	[vɛtʃɛrʒɛt]

15. Os verbos mais importantes. Parte 3

ler (vt)	číst	[tʃiːst]
libertar, liberar (vt)	osvobozovat	[osvobozovat]
matar (vt)	zabíjet	[zabiːjɛt]
mencionar (vt)	zmiňovat se	[zmɪnʲovat sɛ]
mostrar (vt)	ukazovat	[ukazovat]
mudar (modificar)	změnit	[zmnenɪt]
nadar (vi)	plavat	[plavat]
negar-se a ... (vr)	odmítat	[odmiːtat]
objetar (vt)	namítat	[namiːtat]
observar (vt)	pozorovat	[pozorovat]
ordenar (mil.)	rozkazovat	[roskazovat]
ouvir (vt)	slyšet	[slɪʃɛt]
pagar (vt)	platit	[platɪt]
parar (vi)	zastavovat se	[zastavovat sɛ]
parar, cessar (vt)	zastavovat	[zastavovat]
participar (vi)	zúčastnit se	[zuːtʃastnɪt sɛ]
pedir (comida, etc.)	objednávat	[objɛdnaːvat]
pedir (um favor, etc.)	prosit	[prosɪt]
pegar (tomar)	brát	[braːt]
pegar (uma bola)	chytat	[xɪtat]
pensar (vi, vt)	myslit	[mɪslɪt]
perceber (ver)	všímat si	[vʃiːmat sɪ]
perdoar (vt)	odpouštět	[otpouʃtet]
perguntar (vt)	ptát se	[ptaːt sɛ]
permitir (vt)	dovolovat	[dovolovat]
pertencer a ... (vi)	patřit	[patrʃɪt]
planejar (vt)	plánovat	[plaːnovat]
poder (~ fazer algo)	moci	[motsɪ]
possuir (uma casa, etc.)	vlastnit	[vlastnɪt]
preferir (vt)	dávat přednost	[daːvat prʃɛdnost]
preparar (vt)	vařit	[varʒɪt]
prever (vt)	předvídat	[prʃɛdviːdat]
prometer (vt)	slibovat	[slɪbovat]
pronunciar (vt)	vyslovovat	[vɪslovovat]
propor (vt)	nabízet	[nabiːzɛt]
punir (castigar)	trestat	[trɛstat]
quebrar (vt)	lámat	[laːmat]
queixar-se de ...	stěžovat si	[stɛʒovat sɪ]
querer (desejar)	chtít	[xtiːt]

16. Os verbos mais importantes. Parte 4

ralhar, repreender (vt)	nadávat	[nadaːvat]
recomendar (vt)	doporučovat	[doporutʃovat]

repetir (dizer outra vez)	opakovat	[opakovat]
reservar (~ um quarto)	rezervovat	[rɛzɛrvovat]
responder (vt)	odpovídat	[otpoviːdat]

rezar, orar (vi)	modlit se	[modlɪt sɛ]
rir (vi)	smát se	[smaːt sɛ]
roubar (vt)	krást	[kraːst]
saber (vt)	vědět	[vedet]
sair (~ de casa)	vycházet	[vɪxaːzɛt]

salvar (resgatar)	zachraňovat	[zaxranʲovat]
seguir (~ alguém)	následovat	[naːslɛdovat]
sentar-se (vr)	sednout si	[sɛdnout sɪ]
ser necessário	být potřebný	[biːt potrʃɛbniː]

ser, estar	být	[biːt]
significar (vt)	znamenat	[znamɛnat]
sorrir (vi)	usmívat se	[usmiːvat sɛ]
subestimar (vt)	podceňovat	[podtsɛnʲovat]
surpreender-se (vr)	divit se	[dɪvɪt sɛ]

tentar (~ fazer)	zkoušet	[skouʃɛt]
ter (vt)	mít	[miːt]
ter fome	mít hlad	[miːt hlat]

ter medo	bát se	[baːt sɛ]
ter sede	mít žízeň	[miːt ʒiːzɛnʲ]
tocar (com as mãos)	dotýkat se	[dotiːkat sɛ]
tomar café da manhã	snídat	[sniːdat]
trabalhar (vi)	pracovat	[pratsovat]
traduzir (vt)	překládat	[prʃɛklaːdat]

unir (vt)	sjednocovat	[sjɛdnotsovat]
vender (vt)	prodávat	[prodaːvat]
ver (vt)	vidět	[vɪdet]
virar (~ para a direita)	zatáčet	[zataːtʃɛt]
voar (vi)	letět	[lɛtet]

TEMPO. CALENDÁRIO

17. Dias da semana

segunda-feira (f)	pondělí (s)	[pondeli:]
terça-feira (f)	úterý (s)	[u:tɛri:]
quarta-feira (f)	středa (ž)	[strʃɛda]
quinta-feira (f)	čtvrtek (m)	[ʧtvrtɛk]
sexta-feira (f)	pátek (m)	[pa:tɛk]
sábado (m)	sobota (ž)	[sobota]
domingo (m)	neděle (ž)	[nɛdelɛ]
hoje	dnes	[dnɛs]
amanhã	zítra	[zi:tra]
depois de amanhã	pozítří	[pozi:trʃi:]
ontem	včera	[vʧɛra]
anteontem	předevčírem	[prʃɛdɛvʧi:rɛm]
dia (m)	den (m)	[dɛn]
dia (m) de trabalho	pracovní den (m)	[pratsovni: dɛn]
feriado (m)	sváteční den (m)	[sva:tɛʧni: dɛn]
dia (m) de folga	volno (s)	[volno]
fim (m) de semana	víkend (m)	[vi:kɛnt]
o dia todo	celý den	[ʦɛli: dɛn]
no dia seguinte	příští den	[prʃi:ʃti: dɛn]
há dois dias	před dvěma dny	[prʃɛd dvema dnɪ]
na véspera	den předtím	[dɛn prʃɛdti:m]
diário (adj)	denní	[dɛnni:]
todos os dias	denně	[dɛnne]
semana (f)	týden (m)	[ti:dɛn]
na semana passada	minulý týden	[mɪnuli: ti:dɛn]
semana que vem	příští týden	[prʃi:ʃti: ti:dɛn]
semanal (adj)	týdenní	[ti:dɛnni:]
toda semana	týdně	[ti:dne]
duas vezes por semana	dvakrát týdně	[dvakra:t ti:dne]
toda terça-feira	každé úterý	[kaʒdɛ: u:tɛri:]

18. Horas. Dia e noite

manhã (f)	ráno (s)	[ra:no]
de manhã	ráno	[ra:no]
meio-dia (m)	poledne (s)	[polɛdnɛ]
à tarde	odpoledne	[otpolɛdnɛ]
tardinha (f)	večer (m)	[vɛʧɛr]
à tardinha	večer	[vɛʧɛr]

noite (f)	noc (ž)	[noʧs]
à noite	v noci	[v noʧsɪ]
meia-noite (f)	půlnoc (ž)	[pu:lnoʧs]

segundo (m)	sekunda (ž)	[sɛkunda]
minuto (m)	minuta (ž)	[mɪnuta]
hora (f)	hodina (ž)	[hodɪna]
meia hora (f)	půlhodina (ž)	[pu:lhodɪna]
quarto (m) de hora	čtvrthodina (ž)	[ʧtvrthodɪna]
quinze minutos	patnáct minut	[patna:ʦt mɪnut]
vinte e quatro horas	den a noc	[dɛn a noʧs]

nascer (m) do sol	východ (m) slunce	[vi:xod slunʦɛ]
amanhecer (m)	úsvit (m)	[u:svɪt]
madrugada (f)	časné ráno (s)	[ʧasnɛ: ra:no]
pôr-do-sol (m)	západ (m) slunce	[za:pat slunʦɛ]

de madrugada	brzy ráno	[brzɪ ra:no]
esta manhã	dnes ráno	[dnɛs ra:no]
amanhã de manhã	zítra ráno	[zi:tra ra:no]

esta tarde	dnes odpoledne	[dnɛs otpolɛdnɛ]
à tarde	odpoledne	[otpolɛdnɛ]
amanhã à tarde	zítra odpoledne	[zi:tra otpolɛdnɛ]

esta noite, hoje à noite	dnes večer	[dnɛs vɛʧɛr]
amanhã à noite	zítra večer	[zi:tra vɛʧɛr]

às três horas em ponto	přesně ve tři hodiny	[prʃɛsne vɛ trʃɪ hodɪnɪ]
por volta das quatro	kolem čtyř hodin	[kolɛm ʧtɪrʒ hodɪn]
às doze	do dvanácti hodin	[do dvana:ʦtɪ hodɪn]

em vinte minutos	za dvacet minut	[za dvaʦɛt mɪnut]
em uma hora	za hodinu	[za hodɪnu]
a tempo	včas	[vʧas]

… um quarto para	tři čtvrtě	[trʃɪ ʧtvrte]
dentro de uma hora	během hodiny	[behɛm hodɪnɪ]
a cada quinze minutos	každých patnáct minut	[kaʒdi:x patna:ʦt mɪnut]
as vinte e quatro horas	celodenně	[ʦɛlodɛnne]

19. Meses. Estações

janeiro (m)	leden (m)	[lɛdɛn]
fevereiro (m)	únor (m)	[u:nor]
março (m)	březen (m)	[brʒɛzɛn]
abril (m)	duben (m)	[dubɛn]
maio (m)	květen (m)	[kvetɛn]
junho (m)	červen (m)	[ʧɛrvɛn]

julho (m)	červenec (m)	[ʧɛrvɛnɛʦ]
agosto (m)	srpen (m)	[srpɛn]
setembro (m)	září (s)	[za:rʒi:]
outubro (m)	říjen (m)	[rʒi:jɛn]

| novembro (m) | listopad (m) | [lɪstopat] |
| dezembro (m) | prosinec (m) | [prosɪnɛts] |

primavera (f)	jaro (s)	[jaro]
na primavera	na jaře	[na jarʒɛ]
primaveril (adj)	jarní	[jarni:]

verão (m)	léto (s)	[lɛ:to]
no verão	v létě	[v lɛ:te]
de verão	letní	[lɛtni:]

outono (m)	podzim (m)	[podzɪm]
no outono	na podzim	[na podzɪm]
outonal (adj)	podzimní	[podzɪmni:]

inverno (m)	zima (ž)	[zɪma]
no inverno	v zimě	[v zɪmne]
de inverno	zimní	[zɪmni:]

mês (m)	měsíc (m)	[mnesi:ts]
este mês	tento měsíc	[tɛnto mnesi:ts]
mês que vem	příští měsíc	[prʃi:ʃti: mnesi:ts]
no mês passado	minulý měsíc	[mɪnuli: mnesi:ts]

um mês atrás	před měsícem	[prʃɛd mnesi:tsɛm]
em um mês	za měsíc	[za mnesi:ts]
em dois meses	za dva měsíce	[za dva mnesi:tsɛ]
todo o mês	celý měsíc	[tsɛli: mnesi:ts]
um mês inteiro	celý měsíc	[tsɛli: mnesi:ts]

mensal (adj)	měsíční	[mnesi:tʃni:]
mensalmente	každý měsíc	[kaʒdi: mnesi:ts]
todo mês	měsíčně	[mnesi:tʃne]
duas vezes por mês	dvakrát měsíčně	[dvakra:t mnesi:tʃne]

ano (m)	rok (m)	[rok]
este ano	letos	[lɛtos]
ano que vem	příští rok	[prʃi:ʃti: rok]
no ano passado	vloni	[vlonɪ]

há um ano	před rokem	[prʃɛd rokɛm]
em um ano	za rok	[za rok]
dentro de dois anos	za dva roky	[za dva rokɪ]
todo o ano	celý rok	[tsɛli: rok]
um ano inteiro	celý rok	[tsɛli: rok]

cada ano	každý rok	[kaʒdi: rok]
anual (adj)	každoroční	[kaʒdorotʃni:]
anualmente	každoročně	[kaʒdorotʃne]
quatro vezes por ano	čtyřikrát za rok	[tʃtɪrʒɪkra:t za rok]

data (~ de hoje)	datum (s)	[datum]
data (ex. ~ de nascimento)	datum (s)	[datum]
calendário (m)	kalendář (m)	[kalɛnda:rʃ]
meio ano	půl roku	[pu:l roku]
seis meses	půlrok (m)	[pu:lrok]

| estação (f) | období (s) | [obdobi:] |
| século (m) | století (s) | [stolɛti:] |

VIAGENS. HOTEL

20. Viagens

turismo (m)	turistika (ž)	[turɪstɪka]
turista (m)	turista (m)	[turɪsta]
viagem (f)	cestování (s)	[tsɛstovaːniː]
aventura (f)	příhoda (ž)	[prʃiːhoda]
percurso (curta viagem)	cesta (ž)	[tsɛsta]
férias (f pl)	dovolená (ž)	[dovolɛnaː]
estar de férias	mít dovolenou	[miːt dovolɛnou]
descanso (m)	odpočinek (m)	[otpotʃɪnɛk]
trem (m)	vlak (m)	[vlak]
de trem (chegar ~)	vlakem	[vlakɛm]
avião (m)	letadlo (s)	[lɛtadlo]
de avião	letadlem	[lɛtadlɛm]
de carro	autem	[autɛm]
de navio	lodí	[lodiː]
bagagem (f)	zavazadla (s mn)	[zavazadla]
mala (f)	kufr (m)	[kufr]
carrinho (m)	vozík (m) na zavazadla	[voziːk na zavazadla]
passaporte (m)	pas (m)	[pas]
visto (m)	vízum (s)	[viːzum]
passagem (f)	jízdenka (ž)	[jiːzdɛŋka]
passagem (f) aérea	letenka (ž)	[lɛtɛŋka]
guia (m) de viagem	průvodce (m)	[pruːvodtsɛ]
mapa (m)	mapa (ž)	[mapa]
área (f)	krajina (ž)	[krajɪna]
lugar (m)	místo (s)	[miːsto]
exotismo (m)	exotika (ž)	[ɛgzotɪka]
exótico (adj)	exotický	[ɛgzotɪskiː]
surpreendente (adj)	podivuhodný	[podɪvuhodniː]
grupo (m)	skupina (ž)	[skupɪna]
excursão (f)	výlet (m)	[viːlɛt]
guia (m)	průvodce (m)	[pruːvodtsɛ]

21. Hotel

hotel (m)	hotel (m)	[hotɛl]
motel (m)	motel (m)	[motɛl]
três estrelas	tři hvězdy	[trʃɪ hvɛzdɪ]

cinco estrelas	**pět hvězd**	[pet hvezt]
ficar (vi, vt)	**ubytovat se**	[ubɪtovat sɛ]

quarto (m)	**pokoj** (m)	[pokoj]
quarto (m) individual	**jednolůžkový pokoj** (m)	[jɛdnolu:ʃkovi: pokoj]
quarto (m) duplo	**dvoulůžkový pokoj** (m)	[dvoulu:ʃkovi: pokoj]
reservar um quarto	**rezervovat pokoj**	[rɛzɛrvovat pokoj]

meia pensão (f)	**polopenze** (ž)	[polopɛnzɛ]
pensão (f) completa	**plná penze** (ž)	[plna: pɛnzɛ]

com banheira	**s koupelnou**	[s koupɛlnou]
com chuveiro	**se sprchou**	[sɛ sprxou]
televisão (m) por satélite	**satelitní televize** (ž)	[satɛlɪtni: tɛlɛvɪzɛ]
ar (m) condicionado	**klimatizátor** (m)	[klɪmatɪza:tor]
toalha (f)	**ručník** (m)	[rutʃni:k]
chave (f)	**klíč** (m)	[kli:tʃ]

administrador (m)	**recepční** (m)	[rɛtsɛptʃni:]
camareira (f)	**pokojská** (ž)	[pokojska:]
bagageiro (m)	**nosič** (m)	[nosɪtʃ]
porteiro (m)	**vrátný** (m)	[vra:tni:]

restaurante (m)	**restaurace** (ž)	[rɛstauratsɛ]
bar (m)	**bar** (m)	[bar]
café (m) da manhã	**snídaně** (ž)	[sni:dane]
jantar (m)	**večeře** (ž)	[vɛtʃɛrʒɛ]
bufê (m)	**obložený stůl** (m)	[oblo ʒeni: stu:l]

saguão (m)	**vstupní hala** (ž)	[vstupni: hala]
elevador (m)	**výtah** (m)	[vi:tax]

NÃO PERTURBE	**NERUŠIT**	[nɛruʃɪt]
PROIBIDO FUMAR!	**ZÁKAZ KOUŘENÍ**	[za:kaz kourʒeni:]

22. Turismo

monumento (m)	**památka** (ž)	[pama:tka]
fortaleza (f)	**pevnost** (ž)	[pɛvnost]
palácio (m)	**palác** (m)	[pala:ts]
castelo (m)	**zámek** (m)	[za:mɛk]
torre (f)	**věž** (ž)	[veʃ]
mausoléu (m)	**mauzoleum** (s)	[mauzolɛum]

arquitetura (f)	**architektura** (ž)	[arxɪtɛktura]
medieval (adj)	**středověký**	[strʃɛdoveki:]
antigo (adj)	**starobylý**	[starobɪli:]
nacional (adj)	**národní**	[na:rodni:]
famoso, conhecido (adj)	**známý**	[zna:mi:]

turista (m)	**turista** (m)	[turɪsta]
guia (pessoa)	**průvodce** (m)	[pru:vodtsɛ]
excursão (f)	**výlet** (m)	[vi:lɛt]
mostrar (vt)	**ukazovat**	[ukazovat]

contar (vt)	**povídat**	[povi:dat]
encontrar (vt)	**najít**	[naji:t]
perder-se (vr)	**ztratit se**	[stratɪtsɛ]
mapa (~ do metrô)	**plán** (m)	[plɛ:n]
mapa (~ da cidade)	**plán** (m)	[plɛ:n]
lembrança (f), presente (m)	**suvenýr** (m)	[suvɛni:r]
loja (f) de presentes	**prodejna** (ž) **suvenýrů**	[prodɛjna suvɛni:ru:]
tirar fotos, fotografar	**fotografovat**	[fotografovat]
fotografar-se (vr)	**fotografovat se**	[fotografovat sɛ]

TRANSPORTES

23. Aeroporto

aeroporto (m)	letiště (s)	[lɛtɪʃtɛ]
avião (m)	letadlo (s)	[lɛtadlo]
companhia (f) aérea	letecká společnost (ž)	[lɛtɛtska; spolɛtʃnost]
controlador (m) de tráfego aéreo	dispečer (m)	[dɪspɛtʃɛr]
partida (f)	odlet (m)	[odlɛt]
chegada (f)	přílet (m)	[prʃiːlɛt]
chegar (vi)	přiletět	[prʃɪlɛtet]
hora (f) de partida	čas (m) odletu	[tʃas odlɛtu]
hora (f) de chegada	čas (m) příletu	[tʃas prʃilɛtu]
estar atrasado	mít zpoždění	[miːt spoʒdɛniː]
atraso (m) de voo	zpoždění (s) odletu	[spoʒdeni: odlɛtu]
painel (m) de informação	informační tabule (ž)	[ɪnformatʃni: tabulɛ]
informação (f)	informace (ž)	[ɪnformatsɛ]
anunciar (vt)	hlásit	[hla:sɪt]
voo (m)	let (m)	[lɛt]
alfândega (f)	celnice (ž)	[tsɛlnɪtsɛ]
funcionário (m) da alfândega	celník (m)	[tsɛlni:k]
declaração (f) alfandegária	prohlášení (s)	[prohla:ʃɛni:]
preencher a declaração	vyplnit prohlášení	[vɪplnɪt prohla:ʃɛni:]
controle (m) de passaporte	pasová kontrola (ž)	[pasova: kontrola]
bagagem (f)	zavazadla (s mn)	[zavazadla]
bagagem (f) de mão	příruční zavazadlo (s)	[prʃi:rutʃni: zavazadlo]
carrinho (m)	vozík (m) na zavazadla	[vozi:k na zavazadla]
pouso (m)	přistání (s)	[prʃɪsta:ni:]
pista (f) de pouso	přistávací dráha (ž)	[prʃɪsta:vatsi: dra:ha]
aterrissar (vi)	přistávat	[prʃɪsta:vat]
escada (f) de avião	pojízdné schůdky (m mn)	[poji:zdnɛ: sxu:tkɪ]
check-in (m)	registrace (ž)	[rɛgɪstratsɛ]
balcão (m) do check-in	přepážka (ž) registrace	[prʃɛpa:ʃka rɛgɪstratsɛ]
fazer o check-in	zaregistrovat se	[zarɛgɪstrovat sɛ]
cartão (m) de embarque	palubní lístek (m)	[palubni: li:stɛk]
portão (m) de embarque	příchod (m) k nástupu	[prʃi:xot k na:stupu]
trânsito (m)	tranzit (m)	[tranzɪt]
esperar (vi, vt)	čekat	[tʃɛkat]
sala (f) de espera	čekárna (ž)	[tʃɛka:rna]

| despedir-se (acompanhar) | doprovázet | [doprova:zɛt] |
| despedir-se (dizer adeus) | loučit se | [louʧɪt sɛ] |

24. Avião

avião (m)	letadlo (s)	[lɛtadlo]
passagem (f) aérea	letenka (ž)	[lɛtɛŋka]
companhia (f) aérea	letecká společnost (ž)	[lɛtɛtska: spolɛʧnost]
aeroporto (m)	letiště (s)	[lɛtɪʃtɛ]
supersônico (adj)	nadzvukový	[nadzvukovi:]

comandante (m) do avião	velitel (m) posádky	[vɛlɪtɛl posa:tkɪ]
tripulação (f)	posádka (ž)	[posa:tka]
piloto (m)	pilot (m)	[pɪlot]
aeromoça (f)	letuška (ž)	[lɛtuʃka]
copiloto (m)	navigátor (m)	[navɪga:tor]

asas (f pl)	křídla (s mn)	[krʃi:dla]
cauda (f)	ocas (m)	[otsas]
cabine (f)	kabina (ž)	[kabɪna]
motor (m)	motor (m)	[motor]
trem (m) de pouso	podvozek (m)	[podvozɛk]
turbina (f)	turbína (ž)	[turbi:na]
hélice (f)	vrtule (ž)	[vrtulɛ]
caixa-preta (f)	černá skříňka (ž)	[ʧɛrna: skrʃi:nʲka]
coluna (f) de controle	řídicí páka (ž)	[rʒi:dɪtsi: pa:ka]
combustível (m)	palivo (s)	[palɪvo]

instruções (f pl) de segurança	předpis (m)	[prʃɛtpɪs]
máscara (f) de oxigênio	kyslíková maska (ž)	[kɪsli:kova: maska]
uniforme (m)	uniforma (ž)	[unɪforma]
colete (m) salva-vidas	záchranná vesta (ž)	[za:xranna: vɛsta]
paraquedas (m)	padák (m)	[pada:k]
decolagem (f)	start (m) letadla	[start lɛtadla]
descolar (vi)	vzlétat	[vzlɛ:tat]
pista (f) de decolagem	rozjezdová dráha (ž)	[rozjɛzdova: dra:ha]

visibilidade (f)	viditelnost (ž)	[vɪdɪtɛlnost]
voo (m)	let (m)	[lɛt]
altura (f)	výška (ž)	[vi:ʃka]
poço (m) de ar	vzdušná jáma (ž)	[vzduʃna: jama]

assento (m)	místo (s)	[mi:sto]
fone (m) de ouvido	sluchátka (s mn)	[sluxa:tka]
mesa (f) retrátil	odklápěcí stolek (m)	[otkla:pɛtsi: stolɛk]
janela (f)	okénko (s)	[okɛ:ŋko]
corredor (m)	chodba (ž)	[xodba]

25. Comboio

| trem (m) | vlak (m) | [vlak] |
| trem (m) elétrico | elektrický vlak (m) | [ɛlɛktrɪtski: vlak] |

trem (m)	rychlík (m)	[rɪxliːk]
locomotiva (f) diesel	motorová lokomotiva (ž)	[motorova: lokomotɪva]
locomotiva (f) a vapor	parní lokomotiva (ž)	[parni: lokomotɪva]
vagão (f) de passageiros	vůz (m)	[vuːz]
vagão-restaurante (m)	jídelní vůz (m)	[jiːdɛlni: vuːz]
carris (m pl)	koleje (ž mn)	[kolɛjɛ]
estrada (f) de ferro	železnice (ž mn)	[ʒelɛznɪtsɛ]
travessa (f)	pražec (m)	[praʒets]
plataforma (f)	nástupiště (s)	[naːstupɪʃte]
linha (f)	kolej (ž)	[kolɛj]
semáforo (m)	návěstidlo (s)	[naːvestɪdlo]
estação (f)	stanice (ž)	[stanɪtsɛ]
maquinista (m)	strojvůdce (m)	[strojvuːdtsɛ]
bagageiro (m)	nosič (m)	[nosɪtʃ]
hospedeiro, -a (m, f)	průvodčí (m)	[pru:vodtʃi:]
passageiro (m)	cestující (m)	[tsɛstuji:tsi:]
revisor (m)	revizor (m)	[rɛvɪzor]
corredor (m)	chodba (ž)	[xodba]
freio (m) de emergência	záchranná brzda (ž)	[za:xranna: brzda]
compartimento (m)	oddělení (s)	[oddelɛni:]
cama (f)	lůžko (s)	[lu:ʃko]
cama (f) de cima	horní lůžko (s)	[horni: lu:ʃko]
cama (f) de baixo	dolní lůžko (s)	[dolni: lu:ʃko]
roupa (f) de cama	lůžkoviny (ž mn)	[lu:ʃkovɪnɪ]
passagem (f)	jízdenka (ž)	[ji:zdɛŋka]
horário (m)	jízdní řád (m)	[ji:zdni: rʒa:t]
painel (m) de informação	tabule (ž)	[tabulɛ]
partir (vt)	odjíždět	[odji:ʒdet]
partida (f)	odjezd (m)	[odjɛst]
chegar (vi)	přijíždět	[pr̝ʃɪji:ʒdet]
chegada (f)	příjezd (m)	[pr̝ʃi:jɛst]
chegar de trem	přijet vlakem	[pr̝ʃɛt vlakɛm]
pegar o trem	nastoupit do vlaku	[nastoupɪt do vlaku]
descer de trem	vystoupit z vlaku	[vɪstoupɪt z vlaku]
acidente (m) ferroviário	železniční neštěstí (s)	[ʒelɛznɪtʃni: nɛʃtesti:]
locomotiva (f) a vapor	parní lokomotiva (ž)	[parni: lokomotɪva]
foguista (m)	topič (m)	[topɪtʃ]
fornalha (f)	topeniště (s)	[topɛnɪʃte]
carvão (m)	uhlí (s)	[uhli:]

26. Barco

navio (m)	loď (ž)	[loti]
embarcação (f)	loď (ž)	[loti]

barco (m) a vapor	parník (m)	[parniːk]
barco (m) fluvial	říční loď (ž)	[ritʃni lotʲ]
transatlântico (m)	linková loď (ž)	[lɪŋkovaː lotʲ]
cruzeiro (m)	křižník (m)	[krʒɪʒniːk]

iate (m)	jachta (ž)	[jaxta]
rebocador (m)	vlek (m)	[vlɛk]
barcaça (f)	vlečná nákladní loď (ž)	[vlɛtʃna: naːkladni: lotʲ]
ferry (m)	prám (m)	[praːm]

| veleiro (m) | plachetnice (ž) | [plaxɛtnɪtsɛ] |
| bergantim (m) | brigantina (ž) | [brɪgantiːna] |

| quebra-gelo (m) | ledoborec (m) | [lɛdoborɛts] |
| submarino (m) | ponorka (ž) | [ponorka] |

bote, barco (m)	loďka (ž)	[lotʲka]
baleeira (bote salva-vidas)	člun (m)	[tʃlun]
bote (m) salva-vidas	záchranný člun (m)	[za:xranni: tʃlun]
lancha (f)	motorový člun (m)	[motorovi: tʃlun]

capitão (m)	kapitán (m)	[kapɪta:n]
marinheiro (m)	námořník (m)	[na:morʒni:k]
marujo (m)	námořník (m)	[na:morʒni:k]
tripulação (f)	posádka (ž)	[posa:tka]

contramestre (m)	loďmistr (m)	[lodʲmɪstr]
grumete (m)	plavčík (m)	[plavtʃi:k]
cozinheiro (m) de bordo	lodní kuchař (m)	[lodni: kuxarʃ]
médico (m) de bordo	lodní lékař (m)	[lodni: lɛ:karʃ]

convés (m)	paluba (ž)	[paluba]
mastro (m)	stěžeň (m)	[steʒenʲ]
vela (f)	plachta (ž)	[plaxta]

porão (m)	podpalubí (s)	[potpalubi:]
proa (f)	příď (ž)	[prʃi:tʲ]
popa (f)	záď (ž)	[za:tʲ]
remo (m)	veslo (s)	[vɛslo]
hélice (f)	lodní šroub (m)	[lodni: ʃroup]

cabine (m)	kajuta (ž)	[kajuta]
sala (f) dos oficiais	společenská místnost (ž)	[spolɛtʃɛnska: mi:stnost]
sala (f) das máquinas	strojovna (ž)	[stroˌjovna]
ponte (m) de comando	kapitánský můstek (m)	[kapɪta:nski: mu:stɛk]
sala (f) de comunicações	rádiová kabina (ž)	[ra:dɪova: kabɪna]
onda (f)	vlna (ž)	[vlna]
diário (m) de bordo	lodní deník (m)	[lodni: dɛni:k]

luneta (f)	dalekohled (m)	[dalɛkohlet]
sino (m)	zvon (m)	[zvon]
bandeira (f)	vlajka (ž)	[vlajka]

cabo (m)	lano (s)	[lano]
nó (m)	uzel (m)	[uzɛl]
corrimão (m)	zábradlí (s)	[za:bradli:]

prancha (f) de embarque	schůdky (m mn)	[sxu:tkɪ]
âncora (f)	kotva (ž)	[kotva]
recolher a âncora	zvednout kotvy	[zvɛdnout kotvɪ]
jogar a âncora	spustit kotvy	[spustɪt kotvɪ]
amarra (corrente de âncora)	kotevní řetěz (m)	[kotɛvni: rʒɛtez]
porto (m)	přístav (m)	[prʃi:staf]
cais, amarradouro (m)	přístaviště (s)	[prʃi:stavɪʃte]
atracar (vi)	přistávat	[prʃɪsta:vat]
desatracar (vi)	vyplouvat	[vɪplouvat]
viagem (f)	cestování (s)	[ʦɛstova:ni:]
cruzeiro (m)	výletní plavba (ž)	[vi:letni: plavba]
rumo (m)	kurz (m)	[kurs]
itinerário (m)	trasa (ž)	[trasa]
canal (m) de navegação	plavební dráha (ž)	[plavɛbni: dra:ha]
banco (m) de areia	mělčina (ž)	[mneltʃɪna]
encalhar (vt)	najet na mělčinu	[najɛt na mneltʃɪnu]
tempestade (f)	bouřka (ž)	[bourʃka]
sinal (m)	signál (m)	[sɪgna:l]
afundar-se (vr)	potápět se	[pota:pet sɛ]
SOS	SOS	[ɛs o: ɛs]
boia (f) salva-vidas	záchranný kruh (m)	[za:xranni: krux]

CIDADE

27. Transportes urbanos

ônibus (m)	autobus (m)	[autobus]
bonde (m) elétrico	tramvaj (ž)	[tramvaj]
trólebus (m)	trolejbus (m)	[trolɛjbus]
rota (f), itinerário (m)	trasa (ž)	[trasa]
número (m)	číslo (s)	[ʧiːslo]
ir de ... (carro, etc.)	jet	[jɛt]
entrar no ...	nastoupit do ...	[nastoupɪt do]
descer do ...	vystoupit z ...	[vɪstoupɪt z]
parada (f)	zastávka (ž)	[zastaːfka]
próxima parada (f)	příští zastávka (ž)	[prʃiːʃti zastaːfka]
terminal (m)	konečná stanice (ž)	[konɛʧna: stanɪʦɛ]
horário (m)	jízdní řád (m)	[jiːzdni rʒaːt]
esperar (vt)	čekat	[ʧɛkat]
passagem (f)	jízdenka (ž)	[jiːzdɛŋka]
tarifa (f)	jízdné (s)	[jiːzdnɛː]
bilheteiro (m)	pokladník (m)	[pokladniːk]
controle (m) de passagens	kontrola (ž)	[kontrola]
revisor (m)	revizor (m)	[rɛvɪzor]
atrasar-se (vr)	mít zpoždění	[miːt spoʒdɛniː]
perder (o autocarro, etc.)	opozdit se	[opozdɪt sɛ]
estar com pressa	pospíchat	[pospiːxat]
táxi (m)	taxík (m)	[taksiːk]
taxista (m)	taxikář (m)	[taksɪkaːrʃ]
de táxi (ir ~)	taxíkem	[taksiːkɛm]
ponto (m) de táxis	stanoviště (s) taxíků	[stanovɪʃte taksiːkuː]
chamar um táxi	zavolat taxíka	[zavolat taksiːka]
pegar um táxi	vzít taxíka	[vziːt taksiːka]
tráfego (m)	uliční provoz (m)	[ulɪʧni: provoz]
engarrafamento (m)	zácpa (ž)	[zaːʦpa]
horas (f pl) de pico	špička (ž)	[ʃpɪʧka]
estacionar (vi)	parkovat se	[parkovat sɛ]
estacionar (vt)	parkovat	[parkovat]
parque (m) de estacionamento	parkoviště (s)	[parkovɪʃte]
metrô (m)	metro (s)	[mɛtro]
estação (f)	stanice (ž)	[stanɪʦɛ]
ir de metrô	jet metrem	[jɛt mɛtrɛm]
trem (m)	vlak (m)	[vlak]
estação (f) de trem	nádraží (s)	[naːdraʒiː]

28. Cidade. Vida na cidade

cidade (f)	město (s)	[mnesto]
capital (f)	hlavní město (s)	[hlavni: mnesto]
aldeia (f)	venkov (m)	[vɛŋkof]
mapa (m) da cidade	plán (m) města	[pla:n mnesta]
centro (m) da cidade	střed (m) města	[strʃɛd mnesta]
subúrbio (m)	předměstí (s)	[prʃɛdmnesti:]
suburbano (adj)	předměstský	[prʃɛdmnestski:]
periferia (f)	okraj (m)	[okraj]
arredores (m pl)	okolí (s)	[okoli:]
quarteirão (m)	čtvrť (ž)	[tʃtvrtⁱ]
quarteirão (m) residencial	obytná čtvrť (ž)	[obɪtna: tʃtvrtⁱ]
tráfego (m)	provoz (m)	[provoz]
semáforo (m)	semafor (m)	[sɛmafor]
transporte (m) público	městská doprava (ž)	[mnestska: doprava]
cruzamento (m)	křižovatka (ž)	[krʃɪʒovatka]
faixa (f)	přechod (m)	[prʃɛxot]
túnel (m) subterrâneo	podchod (m)	[podxot]
cruzar, atravessar (vt)	přecházet	[prʃɛxa:zɛt]
pedestre (m)	chodec (m)	[xodɛts]
calçada (f)	chodník (m)	[xodni:k]
ponte (f)	most (m)	[most]
margem (f) do rio	nábřeží (s)	[na:brʒɛʒi:]
fonte (f)	fontána (ž)	[fonta:na]
alameda (f)	alej (ž)	[alɛj]
parque (m)	park (m)	[park]
bulevar (m)	bulvár (m)	[bulva:r]
praça (f)	náměstí (s)	[na:mnesti:]
avenida (f)	třída (ž)	[trʃi:da]
rua (f)	ulice (ž)	[ulɪtsɛ]
travessa (f)	boční ulice (ž)	[botʃni: ulɪtsɛ]
beco (m) sem saída	slepá ulice (ž)	[slɛpa: ulɪtsɛ]
casa (f)	dům (m)	[du:m]
edifício, prédio (m)	budova (ž)	[budova]
arranha-céu (m)	mrakodrap (m)	[mrakodrap]
fachada (f)	fasáda (ž)	[fasa:da]
telhado (m)	střecha (ž)	[strʃɛxa]
janela (f)	okno (s)	[okno]
arco (m)	oblouk (m)	[oblouk]
coluna (f)	sloup (m)	[sloup]
esquina (f)	roh (m)	[rox]
vitrine (f)	výloha (ž)	[vi:loha]
letreiro (m)	vývěsní tabule (ž)	[vi:vesni: tabulɛ]
cartaz (do filme, etc.)	plakát (m)	[plaka:t]
cartaz (m) publicitário	reklamní plakát (m)	[rɛklamni: plaka:t]

painel (m) publicitário	billboard (m)	[bɪlboːrt]
lixo (m)	odpadky (m mn)	[otpatkiː]
lata (f) de lixo	popelnice (ž)	[popɛlnɪtsɛ]
jogar lixo na rua	dělat smetí	[delat smɛtiː]
aterro (m) sanitário	smetiště (s)	[smɛtɪʃtɛ]

orelhão (m)	telefonní budka (ž)	[tɛlɛfonniː butka]
poste (m) de luz	pouliční svítilna (ž)	[poulɪtʃni: sviːtɪlna]
banco (m)	lavička (ž)	[lavɪtʃka]

polícia (m)	policista (m)	[polɪtsɪsta]
polícia (instituição)	policie (ž)	[polɪtsɪe]
mendigo, pedinte (m)	žebrák (m)	[ʒebraːk]
desabrigado (m)	bezdomovec (m)	[bɛzdomovɛts]

29. Instituições urbanas

loja (f)	obchod (m)	[obxot]
drogaria (f)	lékárna (ž)	[lɛːkaːrna]
ótica (f)	oční optika (ž)	[otʃni: optɪka]
centro (m) comercial	obchodní středisko (s)	[obxodni: strʃɛdɪsko]
supermercado (m)	supermarket (m)	[supɛrmarket]

padaria (f)	pekařství (s)	[pɛkarʃstviː]
padeiro (m)	pekař (m)	[pɛkarʃ]
pastelaria (f)	cukrárna (ž)	[tsukraːrna]
mercearia (f)	smíšené zboží (s)	[smiʃɛnɛ: zboʒiː]
açougue (m)	řeznictví (s)	[rʒɛznɪtstviː]

| fruteira (f) | zelinářství (s) | [zɛlɪnaːrʃstviː] |
| mercado (m) | tržnice (ž) | [trʒrɪtsɛ] |

cafeteria (f)	kavárna (ž)	[kavaːrna]
restaurante (m)	restaurace (ž)	[rɛstauratsɛ]
bar (m)	pivnice (ž)	[pɪvnɪtsɛ]
pizzaria (f)	pizzerie (ž)	[pɪtsɛrɪe]

salão (m) de cabeleireiro	holičství (s) a kadeřnictví	[holɪtʃstvi: a kadɛrʒnɪtstviː]
agência (f) dos correios	pošta (ž)	[poʃta]
lavanderia (f)	čistírna (ž)	[tʃɪstiːrna]
estúdio (m) fotográfico	fotografický ateliér (m)	[fotografɪski: atɛlɪeːr]

sapataria (f)	obchod (m) s obuví	[obxot s obuviː]
livraria (f)	knihkupectví (s)	[knɪxkupɛtstviː]
loja (f) de artigos esportivos	sportovní potřeby (ž mn)	[sportovni: potrʃɛbɪ]

costureira (m)	opravna (ž) oděvů	[opravna odevuː]
aluguel (m) de roupa	půjčovna (ž) oděvů	[puːjtʃovna odevuː]
videolocadora (f)	půjčovna (ž) filmů	[puːjtʃovna fɪlmuː]

circo (m)	cirkus (m)	[tsɪrkus]
jardim (m) zoológico	zoologická zahrada (ž)	[zoologɪska: zahrada]
cinema (m)	biograf (m)	[bɪograf]
museu (m)	muzeum (s)	[muzɛum]

biblioteca (f)	knihovna (ž)	[knɪhovna]
teatro (m)	divadlo (s)	[dɪvadlo]
ópera (f)	opera (ž)	[opɛra]
boate (casa noturna)	noční klub (m)	[notʃni: klup]
cassino (m)	kasino (s)	[kasi:no]

mesquita (f)	mešita (ž)	[mɛʃɪta]
sinagoga (f)	synagóga (ž)	[sinago:ga]
catedral (f)	katedrála (ž)	[katɛdra:la]
templo (m)	chrám (m)	[xra:m]
igreja (f)	kostel (m)	[kostɛl]

faculdade (f)	vysoká škola (ž)	[vɪsoka: ʃkola]
universidade (f)	univerzita (ž)	[unɪvɛrzɪta]
escola (f)	škola (ž)	[ʃkola]

prefeitura (f)	prefektura (ž)	[prɛfɛktura]
câmara (f) municipal	magistrát (m)	[magɪstra:t]
hotel (m)	hotel (m)	[hotɛl]
banco (m)	banka (ž)	[baŋka]

embaixada (f)	velvyslanectví (s)	[vɛlvɪslanɛtstvi:]
agência (f) de viagens	cestovní kancelář (ž)	[tsɛstovni: kantsɛla:rʃ]
agência (f) de informações	informační kancelář (ž)	[ɪnformatʃni: kantsɛla:rʃ]
casa (f) de câmbio	směnárna (ž)	[smnena:rna]

metrô (m)	metro (s)	[mɛtro]
hospital (m)	nemocnice (ž)	[nɛmotsnɪtsɛ]

posto (m) de gasolina	benzínová stanice (ž)	[bɛnzi:nova: stanɪtsɛ]
parque (m) de estacionamento	parkoviště (s)	[parkovɪʃtɛ]

30. Sinais

letreiro (m)	ukazatel (m) směru	[ukazatɛl smneru]
aviso (m)	nápis (m)	[na:pɪs]
cartaz, pôster (m)	plakát (m)	[plaka:t]
placa (f) de direção	ukazatel (m)	[ukazatɛl]
seta (f)	šípka (ž)	[ʃi:pka]

aviso (advertência)	varování (s)	[varova:ni:]
sinal (m) de aviso	výstraha (ž)	[vi:straha]
avisar, advertir (vt)	upozorňovat	[upozorniovat]

dia (m) de folga	volný den (m)	[volni: dɛn]
horário (~ dos trens, etc.)	jízdní řád (m)	[ji:zdni: rʒa:t]
horário (m)	pracovní doba (ž)	[pratsovni: doba]

BEM-VINDOS!	VÍTEJTE!	[vi:tɛjtɛ]
ENTRADA	VCHOD	[vxot]
SAÍDA	VÝCHOD	[vi:xot]

EMPURRE	TAM	[tam]
PUXE	SEM	[sɛm]

| ABERTO | OTEVŘENO | [otɛvrʒɛno] |
| FECHADO | ZAVŘENO | [zavrʒɛno] |

| MULHER | ŽENY | [ʒenɪ] |
| HOMEM | MUŽI | [muʒɪ] |

DESCONTOS	SLEVY	[slɛvɪ]
SALDOS, PROMOÇÃO	VÝPRODEJ	[vi:prodɛj]
NOVIDADE!	NOVINKA!	[novɪŋka]
GRÁTIS	ZDARMA	[zdarma]

ATENÇÃO!	POZOR!	[pozor]
NÃO HÁ VAGAS	VOLNÁ MÍSTA NEJSOU	[volna: mi:sta nɛjsou]
RESERVADO	ZADÁNO	[zada:no]

| ADMINISTRAÇÃO | KANCELÁŘ | [kantsɛla:rʒ] |
| SOMENTE PESSOAL AUTORIZADO | POUZE PRO PERSONÁL | [pouzɛ pro pɛrsona:l] |

CUIDADO CÃO FEROZ	POZOR! ZLÝ PES	[pozor zli: pɛs]
PROIBIDO FUMAR!	ZÁKAZ KOUŘENÍ	[za:kaz kourʒɛni:]
NÃO TOCAR	NEDOTÝKEJTE SE!	[nɛdoti:kɛjtɛ sɛ]

PERIGOSO	NEBEZPEČNÉ	[nɛbɛzpɛtʃnɛ:]
PERIGO	NEBEZPEČÍ	[nɛbɛzpɛtʃi:]
ALTA TENSÃO	VYSOKÉ NAPĚTÍ	[vɪsokɛ: napeti:]
PROIBIDO NADAR	KOUPÁNÍ ZAKÁZÁNO	[koupa:ni: zaka:za:no]
COM DEFEITO	MIMO PROVOZ	[mɪmo provoz]

INFLAMÁVEL	VYSOCE HOŘLAVÝ	[vɪsotsɛ horʒlavi:]
PROIBIDO	ZÁKAZ	[za:kaz]
ENTRADA PROIBIDA	PRŮCHOD ZAKÁZÁN	[pru:xot zaka:za:n]
CUIDADO TINTA FRESCA	ČERSTVĚ NATŘENO	[tʃɛrstve natrʃɛno]

31. Compras

comprar (vt)	kupovat	[kupovat]
compra (f)	nákup (m)	[na:kup]
fazer compras	dělat nákupy	[delat na:kupɪ]
compras (f pl)	nakupování (s)	[nakupova:ni:]

| estar aberta (loja) | být otevřen | [bi:t otɛvrʒɛn] |
| estar fechada | být zavřen | [bi:t zavrʒɛn] |

calçado (m)	obuv (ž)	[obuʃ]
roupa (f)	oblečení (s)	[oblɛtʃɛni:]
cosméticos (m pl)	kosmetika (ž)	[kosmɛtɪka]
alimentos (m pl)	potraviny (ž mn)	[potravɪnɪ]
presente (m)	dárek (m)	[da:rɛk]

vendedor (m)	prodavač (m)	[prodavatʃ]
vendedora (f)	prodavačka (ž)	[prodavatʃka]
caixa (f)	pokladna (ž)	[pokladna]
espelho (m)	zrcadlo (s)	[zrtsadlo]

balcão (m)	**pult** (m)	[pult]
provador (m)	**zkušební kabinka** (ž)	[skuʃɛbni: kabɪŋka]
provar (vt)	**zkusit**	[skusɪt]
servir (roupa, caber)	**hodit se**	[hodɪt sɛ]
gostar (apreciar)	**líbit se**	[li:bɪt sɛ]
preço (m)	**cena** (ž)	[ʦɛna]
etiqueta (f) de preço	**cenovka** (ž)	[ʦɛnofka]
custar (vt)	**stát**	[sta:t]
Quanto?	**Kolik?**	[kolɪk]
desconto (m)	**sleva** (ž)	[slɛva]
não caro (adj)	**levný**	[lɛvni:]
barato (adj)	**levný**	[lɛvni:]
caro (adj)	**drahý**	[drahi:]
É caro	**To je drahé**	[to jɛ drahɛ:]
aluguel (m)	**půjčování** (s)	[pu:jʧova:ni:]
alugar (roupas, etc.)	**vypůjčit si**	[vɪpu:jʧɪt sɪ]
crédito (m)	**úvěr** (m)	[u:ver]
a crédito	**na splátky**	[na spla:tkɪ]

VESTUÁRIO & ACESSÓRIOS

32. Roupa exterior. Casacos

roupa (f)	oblečení (s)	[oblɛtʃɛni:]
roupa (f) exterior	svrchní oděv (m)	[svrxni: odef]
roupa (f) de inverno	zimní oděv (m)	[zɪmni: odef]
sobretudo (m)	kabát (m)	[kaba:t]
casaco (m) de pele	kožich (m)	[koʒɪx]
jaqueta (f) de pele	krátký kožich (m)	[kra:tki: koʒɪx]
casaco (m) acolchoado	peřová bunda (ž)	[pɛrʒova: bunda]
casaco (m), jaqueta (f)	bunda (ž)	[bunda]
impermeável (m)	plášť (m)	[pla:ʃtʲ]
a prova d'água	nepromokavý	[nɛpromokavi:]

33. Vestuário de homem & mulher

camisa (f)	košile (ž)	[koʃɪlɛ]
calça (f)	kalhoty (ž mn)	[kalhotɪ]
jeans (m)	džínsy (m mn)	[dʒi:nsɪ]
paletó, terno (m)	sako (s)	[sako]
terno (m)	pánský oblek (m)	[pa:nski: oblɛk]
vestido (ex. ~ de noiva)	šaty (m mn)	[ʃatɪ]
saia (f)	sukně (ž)	[sukne]
blusa (f)	blůzka (ž)	[blu:ska]
casaco (m) de malha	svetr (m)	[svɛtr]
casaco, blazer (m)	žaket (m)	[ʒakɛt]
camiseta (f)	tričko (s)	[trɪtʃko]
short (m)	šortky (ž mn)	[ʃortkɪ]
training (m)	tepl34ková souprava (ž)	[tɛpla:kova: souprava]
roupão (m) de banho	župan (m)	[ʒupan]
pijama (m)	pyžamo (s)	[pɪʒamo]
suéter (m)	svetr (m)	[svɛtr]
pulôver (m)	pulovr (m)	[pulovr]
colete (m)	vesta (ž)	[vɛsta]
fraque (m)	frak (m)	[frak]
smoking (m)	smoking (m)	[smokɪŋk]
uniforme (m)	uniforma (ž)	[unɪforma]
roupa (f) de trabalho	pracovní oděv (m)	[pratsovni: odef]
macacão (m)	kombinéza (ž)	[kombɪnɛ:za]
jaleco (m), bata (f)	plášť (m)	[pla:ʃtʲ]

34. Vestuário. Roupa interior

roupa (f) íntima	spodní prádlo (s)	[spodní: pra:dlo]
camiseta (f)	tílko (s)	[tilko]
meias (f pl)	ponožky (ž mn)	[ponoʃkɪ]
camisola (f)	noční košile (ž)	[notʃni: koʃɪlɛ]
sutiã (m)	podprsenka (ž)	[potprsɛŋka]
meias longas (f pl)	podkolenky (ž mn)	[potkolɛŋkɪ]
meias-calças (f pl)	punčochové kalhoty (ž mn)	[puntʃoxovɛ: kalgotɪ]
meias (~ de nylon)	punčochy (ž mn)	[puntʃoxɪ]
maiô (m)	plavky (ž mn)	[plafkɪ]

35. Adereços de cabeça

chapéu (m), touca (f)	čepice (ž)	[tʃɛpɪtsɛ]
chapéu (m) de feltro	klobouk (m)	[klobouk]
boné (m) de beisebol	kšiltovka (ž)	[kʃɪltofka]
boina (~ italiana)	čepice (ž)	[tʃɛpɪtsɛ]
boina (ex. ~ basca)	baret (m)	[barɛt]
capuz (m)	kapuce (ž)	[kaputsɛ]
chapéu panamá (m)	panamský klobouk (m)	[panamski: klobouk]
touca (f)	pletená čepice (ž)	[plɛtɛna: tʃɛpɪtsɛ]
lenço (m)	šátek (m)	[ʃa:tɛk]
chapéu (m) feminino	klobouček (m)	[kloboutʃɛk]
capacete (m) de proteção	přilba (ž)	[prʃɪlba]
bibico (m)	lodička (ž)	[lodɪtʃka]
capacete (m)	helma (ž)	[hɛlma]
chapéu-coco (m)	tvrďák (m)	[tvrdʲa:k]
cartola (f)	válec (m)	[va:lɛts]

36. Calçado

calçado (m)	obuv (ž)	[obuʃ]
botinas (f pl), sapatos (m pl)	boty (ž mn)	[botɪ]
sapatos (de salto alto, etc.)	střevíce (m mn)	[strʃɛvi:tsɛ]
botas (f pl)	holínky (ž mn)	[holi:ŋkɪ]
pantufas (f pl)	bačkory (ž mn)	[batʃkorɪ]
tênis (~ Nike, etc.)	tenisky (ž mn)	[tɛnɪskɪ]
tênis (~ Converse)	kecky (ž mn)	[kɛtskɪ]
sandálias (f pl)	sandály (m mn)	[sanda:lɪ]
sapateiro (m)	obuvník (m)	[obuvni:k]
salto (m)	podpatek (m)	[potpatɛk]
par (m)	pár (m)	[pa:r]
cadarço (m)	tkanička (ž)	[tkanɪtʃka]

amarrar os cadarços	šněrovat	[ʃnerovat]
calçadeira (f)	lžíce (ž) na boty	[ʒiːtsɛ na botɪ]
graxa (f) para calçado	krém (m) na boty	[krɛːm na botɪ]

37. Acessórios pessoais

luva (f)	rukavice (ž mn)	[rukavɪtsɛ]
mitenes (f pl)	palčáky (m mn)	[paltʃaːkɪ]
cachecol (m)	šála (ž)	[ʃaːla]

óculos (m pl)	brýle (ž mn)	[briːlɛ]
armação (f)	obroučky (m mn)	[obroutʃkɪ]
guarda-chuva (m)	deštník (m)	[dɛʃtniːk]
bengala (f)	hůl (ž)	[huːl]
escova (f) para o cabelo	kartáč (m) na vlasy	[kartaːtʃ na vlasɪ]
leque (m)	vějíř (m)	[vejiːrʃ]

gravata (f)	kravata (ž)	[kravata]
gravata-borboleta (f)	motýlek (m)	[motiːlɛk]
suspensórios (m pl)	šle (ž mn)	[ʃlɛ]
lenço (m)	kapesník (m)	[kapesniːk]

pente (m)	hřeben (m)	[hrʒɛbɛn]
fivela (f) para cabelo	sponka (ž)	[spoŋka]
grampo (m)	vlásnička (ž)	[vlaːsnɪtʃka]
fivela (f)	spona (ž)	[spona]

| cinto (m) | pás (m) | [paːs] |
| alça (f) de ombro | řemen (m) | [rʒɛmɛn] |

bolsa (f)	taška (ž)	[taʃka]
bolsa (feminina)	kabelka (ž)	[kabɛlka]
mochila (f)	batoh (m)	[batox]

38. Vestuário. Diversos

moda (f)	móda (ž)	[moːda]
na moda (adj)	módní	[moːdniː]
estilista (m)	modelář (m)	[modɛlaːrʃ]

colarinho (m)	límec (m)	[liːmɛts]
bolso (m)	kapsa (ž)	[kapsa]
de bolso	kapesní	[kapɛsniː]
manga (f)	rukáv (m)	[rukaːf]
ganchinho (m)	poutko (s)	[poutko]
bragueta (f)	poklopec (m)	[poklopɛts]

zíper (m)	zip (m)	[zɪp]
colchete (m)	spona (ž)	[spona]
botão (m)	knoflík (m)	[knofliːk]
botoeira (casa de botão)	knoflíková dírka (ž)	[knofliːkova: diːrka]
soltar-se (vr)	utrhnout se	[utrhnout sɛ]

costurar (vi)	šít	[ʃiːt]
bordar (vt)	vyšívat	[vɪʃiːvat]
bordado (m)	výšivka (ž)	[viːʃɪfka]
agulha (f)	jehla (ž)	[jɛhla]
fio, linha (f)	nit (ž)	[nɪt]
costura (f)	šev (m)	[ʃɛf]

sujar-se (vr)	ušpinit se	[uʃpɪnɪt sɛ]
mancha (f)	skvrna (ž)	[skvrna]
amarrotar-se (vr)	pomačkat se	[pomatʃkat sɛ]
rasgar (vt)	roztrhat	[roztrhat]
traça (f)	mol (m)	[mol]

39. Cuidados pessoais. Cosméticos

pasta (f) de dente	zubní pasta (ž)	[zubniː pasta]
escova (f) de dente	kartáček (m) na zuby	[kartaːtʃɛk na zubɪ]
escovar os dentes	čistit si zuby	[tʃɪstɪt sɪ zubɪ]

gilete (f)	holicí strojek (m)	[holɪtsiː strojɛk]
creme (m) de barbear	krém (m) na holení	[krɛːm na holɛniː]
barbear-se (vr)	holit se	[holɪt sɛ]

| sabonete (m) | mýdlo (s) | [miːdlo] |
| xampu (m) | šampon (m) | [ʃampon] |

tesoura (f)	nůžky (ž mn)	[nuːʃkɪ]
lixa (f) de unhas	pilník (m) na nehty	[pɪlniːk na nɛxtɪ]
corta-unhas (m)	kleštičky (ž mn) na nehty	[klɛʃtɪtʃkɪ na nɛxtɪ]
pinça (f)	pinzeta (ž)	[pɪnzeta]

cosméticos (m pl)	kosmetika (ž)	[kosmɛtɪka]
máscara (f)	kosmetická maska (ž)	[kosmɛtɪtska: maska]
manicure (f)	manikúra (ž)	[manɪkuːra]
fazer as unhas	dělat manikúru	[delat manɪkuːru]
pedicure (f)	pedikúra (ž)	[pɛdɪkuːra]

bolsa (f) de maquiagem	kosmetická kabelka (ž)	[kosmɛtɪtska: kabɛlka]
pó (de arroz)	pudr (m)	[pudr]
pó (m) compacto	pudřenka (ž)	[pudrʒɛŋka]
blush (m)	červené líčidlo (s)	[tʃɛrvɛnɛ: liːtʃɪdlo]

perfume (m)	voňavka (ž)	[vonʲafka]
água-de-colônia (f)	toaletní voda (ž)	[toalɛtni: voda]
loção (f)	pleťová voda (ž)	[plɛtʲova: voda]
colônia (f)	kolínská voda (ž)	[koli:nska: voda]

sombra (f) de olhos	oční stíny (m mn)	[otʃni: sti:nɪ]
delineador (m)	tužka (ž) na oči	[tuʃka na otʃɪ]
máscara (f), rímel (m)	řasenka (ž)	[rʒasɛnka]

batom (m)	rtěnka (ž)	[rteŋka]
esmalte (m)	lak (m) na nehty	[lak na nɛxtɪ]
laquê (m), spray fixador (m)	lak (m) na vlasy	[lak na vlasɪ]

desodorante (m)	deodorant (m)	[dɛodorant]
creme (m)	krém (m)	[krɛ:m]
creme (m) de rosto	pleťový krém (m)	[plɛtʲovi: krɛ:m]
creme (m) de mãos	krém (m) na ruce	[krɛ:m na ruʦɛ]
creme (m) antirrugas	krém (m) proti vráskám	[krɛ:m protɪ vra:ska:m]
de dia	denní	[dɛnni:]
da noite	noční	[noʧni:]

absorvente (m) interno	tampón (m)	[tampo:n]
papel (m) higiênico	toaletní papír (m)	[toalɛtni: papi:r]
secador (m) de cabelo	fén (m)	[fɛ:n]

40. Relógios de pulso. Relógios

relógio (m) de pulso	hodinky (ž mn)	[hodɪŋkɪ]
mostrador (m)	ciferník (m)	[ʦɪfɛrni:k]
ponteiro (m)	ručička (ž)	[ruʧɪʧka]
bracelete (em aço)	náramek (m)	[na:ramɛk]
bracelete (em couro)	pásek (m)	[pa:sɛk]

pilha (f)	baterka (ž)	[batɛrka]
acabar (vi)	vybít se	[vɪbi:t sɛ]
trocar a pilha	vyměnit baterku	[vɪmnenɪt batɛrku]
estar adiantado	jít napřed	[ji:t naprʃɛt]
estar atrasado	opožďovat se	[opoʒdʲovat sɛ]

relógio (m) de parede	nástěnné hodiny (ž mn)	[na:stɛnnɛ: hodɪnɪ]
ampulheta (f)	přesýpací hodiny (ž mn)	[prʃɛsi:paʦi: hodɪnɪ]
relógio (m) de sol	sluneční hodiny (ž mn)	[slunɛʧni: hodɪnɪ]
despertador (m)	budík (m)	[budi:k]
relojoeiro (m)	hodinář (m)	[hodɪna:rʃ]
reparar (vt)	opravovat	[opravovat]

EXPERIÊNCIA DO QUOTIDIANO

41. Dinheiro

dinheiro (m)	**peníze** (m mn)	[pɛniːzɛ]
câmbio (m)	**výměna** (ž)	[viːmnena]
taxa (f) de câmbio	**kurz** (m)	[kurs]
caixa (m) eletrônico	**bankomat** (m)	[baŋkomat]
moeda (f)	**mince** (ž)	[mɪntsɛ]

dólar (m)	**dolar** (m)	[dolar]
euro (m)	**euro** (s)	[ɛuro]

lira (f)	**lira** (ž)	[lɪra]
marco (m)	**marka** (ž)	[marka]
franco (m)	**frank** (m)	[fraŋk]
libra (f) esterlina	**libra** (ž) **šterlinků**	[lɪbra ʃtɛrlɪŋkuː]
iene (m)	**jen** (m)	[jɛn]

dívida (f)	**dluh** (m)	[dlux]
devedor (m)	**dlužník** (m)	[dluʒniːk]
emprestar (vt)	**půjčit**	[puːjʧɪt]
pedir emprestado	**půjčit si**	[puːjʧɪt sɪ]

banco (m)	**banka** (ž)	[baŋka]
conta (f)	**účet** (m)	[uːʧɛt]
depositar na conta	**uložit na účet**	[uloʒɪt na uːʧɛt]
sacar (vt)	**vybrat z účtu**	[vɪbrat s uːʧtu]

cartão (m) de crédito	**kreditní karta** (ž)	[krɛdɪtniː karta]
dinheiro (m) vivo	**hotové peníze** (m mn)	[hotovɛː pɛniːzɛ]
cheque (m)	**šek** (m)	[ʃɛk]
passar um cheque	**vystavit šek**	[vɪstavɪt ʃɛk]
talão (m) de cheques	**šeková knížka** (ž)	[ʃɛkovaː kniːʃka]

carteira (f)	**náprsní taška** (ž)	[naːprsniː taʃka]
niqueleira (f)	**peněženka** (ž)	[pɛneʒeŋka]
cofre (m)	**trezor** (m)	[trɛzor]

herdeiro (m)	**dědic** (m)	[dedɪts]
herança (f)	**dědictví** (s)	[dedɪtstviː]
fortuna (riqueza)	**majetek** (m)	[majɛtɛk]

arrendamento (m)	**nájem** (m)	[naːjɛm]
aluguel (pagar o ~)	**činže** (ž)	[ʧɪnʒe]
alugar (vt)	**pronajímat si**	[pronajiːmat sɪ]

preço (m)	**cena** (ž)	[tsɛna]
custo (m)	**cena** (ž)	[tsɛna]
soma (f)	**částka** (ž)	[ʧaːstka]

gastar (vt)	utrácet	[utra:ʦɛt]
gastos (m pl)	náklady (m mn)	[na:kladɪ]
economizar (vi)	šetřit	[ʃɛtřɪt]
econômico (adj)	úsporný	[u:sporni:]

pagar (vt)	platit	[platɪt]
pagamento (m)	platba (ž)	[platba]
troco (m)	peníze (m mn) nazpět	[pɛni:zɛ naspet]

imposto (m)	daň (ž)	[danʲ]
multa (f)	pokuta (ž)	[pokuta]
multar (vt)	pokutovat	[pokutovat]

42. Correios. Serviço postal

agência (f) dos correios	pošta (ž)	[poʃta]
correio (m)	pošta (ž)	[poʃta]
carteiro (m)	listonoš (m)	[lɪstonoʃ]
horário (m)	pracovní doba (ž)	[praʦovni: doba]

carta (f)	dopis (m)	[dopɪs]
carta (f) registada	doporučený dopis (m)	[doporuʧɛni: dopɪs]
cartão (m) postal	pohlednice (ž)	[pohlɛdnɪʦɛ]
telegrama (m)	telegram (m)	[tɛlɛgram]
encomenda (f)	balík (m)	[bali:k]
transferência (f) de dinheiro	peněžní poukázka (ž)	[pɛneʒni: pouka:ska]

receber (vt)	dostat	[dostat]
enviar (vt)	odeslat	[odɛslat]
envio (m)	odeslání (s)	[odɛsla:ni:]
endereço (m)	adresa (ž)	[adrɛsa]
código (m) postal	poštovní směrovací číslo (s)	[poʃtovni: smnerovaʦsi: ʧi:slo]
remetente (m)	odesílatel (m)	[odɛsi:latɛl]
destinatário (m)	příjemce (m)	[prʃi:jɛmʦɛ]

nome (m)	jméno (s)	[jmɛ:no]
sobrenome (m)	příjmení (s)	[prʃi:jmɛni:]
tarifa (f)	tarif (m)	[tarɪf]
ordinário (adj)	obyčejný	[obɪʧɛjni:]
econômico (adj)	zlevněný	[zlɛvneni:]

peso (m)	váha (ž)	[va:ha]
pesar (estabelecer o peso)	vážit	[va:ʒɪt]
envelope (m)	obálka (ž)	[oba:lka]
selo (m) postal	známka (ž)	[zna:mka]
colar o selo	nalepovat známku	[nalɛpovat zna:mku]

43. Banca

banco (m)	banka (ž)	[baŋka]
balcão (f)	pobočka (ž)	[poboʧka]

consultor (m) bancário	konzultant (m)	[konzultant]
gerente (m)	správce (m)	[spra:vtsɛ]

conta (f)	účet (m)	[u:tʃɛt]
número (m) da conta	číslo (s) účtu	[tʃi:slo u:tʃtu]
conta (f) corrente	běžný účet (m)	[bɛʒni: u:tʃɛt]
conta (f) poupança	spořitelní účet (m)	[sporʒitɛlni: u:tʃɛt]

abrir uma conta	založit účet	[zaloʒit u:tʃɛt]
fechar uma conta	uzavřít účet	[uzavrʒi:t u:tʃɛt]
depositar na conta	uložit na účet	[uloʒit na u:tʃɛt]
sacar (vt)	vybrat z účtu	[vɪbrat s u:tʃtu]

depósito (m)	vklad (m)	[fklat]
fazer um depósito	uložit vklad	[uloʒit fklat]
transferência (f) bancária	převod (m)	[prʃɛvot]
transferir (vt)	převést	[prʃɛvɛ:st]

soma (f)	částka (ż)	[tʃa:stka]
Quanto?	Kolik?	[kolɪk]

assinatura (f)	podpis (m)	[potpɪs]
assinar (vt)	podepsat	[podɛpsat]

cartão (m) de crédito	kreditní karta (ż)	[krɛdɪtni: karta]
senha (f)	kód (m)	[ko:t]
número (m) do cartão de crédito	číslo (s) kreditní karty	[tʃi:slo krɛdɪtni: kartɪ]
caixa (m) eletrônico	bankomat (m)	[baŋkomat]

cheque (m)	šek (m)	[ʃɛk]
passar um cheque	vystavit šek	[vɪstavɪt ʃɛk]
talão (m) de cheques	šeková knížka (ż)	[ʃɛkova: kni:ʃka]

empréstimo (m)	úvěr (m)	[u:ver]
pedir um empréstimo	žádat o úvěr	[ʒa:dat o u:ver]
obter empréstimo	brát na úvěr	[bra:t na u:ver]
dar um empréstimo	poskytovat úvěr	[poskɪtovat u:ver]
garantia (f)	kauce (ż)	[kautsɛ]

44. Telefone. Conversação telefônica

telefone (m)	telefon (m)	[tɛlɛfon]
celular (m)	mobilní telefon (m)	[mobɪlni: tɛlɛfon]
secretária (f) eletrônica	záznamník (m)	[za:znamni:k]

fazer uma chamada	volat	[volat]
chamada (f)	hovor (m), volání (s)	[hovor], [vola:ni:]

discar um número	vytočit číslo	[vɪtotʃɪt tʃi:slo]
Alô!	Prosím!	[prosi:m]
perguntar (vt)	zeptat se	[zɛptat sɛ]
responder (vt)	odpovědět	[otpovedet]
ouvir (vt)	slyšet	[slɪʃɛt]

bem	dobře	[dobrʒɛ]
mal	špatně	[ʃpatne]
ruído (m)	poruchy (ž mn)	[poruxɪ]

fone (m)	sluchátko (s)	[sluxa:tko]
pegar o telefone	vzít sluchátko	[vzi:t sluxa:tko]
desligar (vi)	zavěsit sluchátko	[zavesɪt sluxa:tko]

ocupado (adj)	obsazeno	[opsazɛno]
tocar (vi)	zvonit	[zvonɪt]
lista (f) telefônica	telefonní seznam (m)	[tɛlɛfonni: sɛznam]

local (adj)	místní	[mi:stni:]
de longa distância	dálkový	[da:lkovi:]
internacional (adj)	mezinárodní	[mɛzɪna:rodni:]

45. Telefone móvel

celular (m)	mobilní telefon (m)	[mobɪlni: tɛlɛfon]
tela (f)	displej (m)	[dɪsplɛj]
botão (m)	tlačítko (s)	[tlatʃi:tko]
cartão SIM (m)	SIM karta (ž)	[sɪm karta]

bateria (f)	baterie (ž)	[batɛrɪe]
descarregar-se (vr)	vybít se	[vɪbi:t sɛ]
carregador (m)	nabíječka (ž)	[nabi:jɛtʃka]

menu (m)	nabídka (ž)	[nabi:tka]
configurações (f pl)	nastavení (s)	[nastavɛni:]
melodia (f)	melodie (ž)	[mɛlodɪe]
escolher (vt)	vybrat	[vɪbrat]

calculadora (f)	kalkulačka (ž)	[kalkulatʃka]
correio (m) de voz	hlasová schránka (ž)	[hlasova: sxra:ŋka]
despertador (m)	budík (m)	[budi:k]
contatos (m pl)	telefonní seznam (m)	[tɛlɛfonni: sɛznam]

| mensagem (f) de texto | SMS zpráva (ž) | [ɛsɛmɛs spra:va] |
| assinante (m) | účastník (m) | [u:tʃastni:k] |

46. Estacionário

| caneta (f) | pero (s) | [pɛro] |
| caneta (f) tinteiro | plnicí pero (s) | [plnɪtsi: pɛro] |

lápis (m)	tužka (ž)	[tuʃka]
marcador (m) de texto	značkovač (m)	[znatʃkovatʃ]
caneta (f) hidrográfica	fix (m)	[fɪks]

bloco (m) de notas	notes (m)	[notɛs]
agenda (f)	diář (m)	[dɪa:rʃ]
régua (f)	pravítko (s)	[pravi:tko]

calculadora (f)	kalkulačka (ž)	[kalkulatʃka]
borracha (f)	guma (ž)	[guma]
alfinete (m)	napínáček (m)	[napi:na:tʃɛk]
clipe (m)	svorka (ž)	[svorka]

cola (f)	lepidlo (s)	[lɛpɪdlo]
grampeador (m)	sešívačka (ž)	[sɛʃi:vatʃka]
furador (m) de papel	dírkovačka (ž)	[di:rkovatʃka]
apontador (m)	ořezávátko (s)	[orʒɛza:va:tko]

47. Línguas estrangeiras

língua (f)	jazyk (m)	[jazɪk]
língua (f) estrangeira	cizí jazyk (m)	[tsɪzi: jazɪk]
estudar (vt)	studovat	[studovat]
aprender (vt)	učit se	[utʃɪt sɛ]

ler (vt)	číst	[tʃi:st]
falar (vi)	mluvit	[mluvɪt]
entender (vt)	rozumět	[rozumnet]
escrever (vt)	psát	[psa:t]

rapidamente	rychle	[rɪxlɛ]
devagar, lentamente	pomalu	[pomalu]
fluentemente	plynně	[plɪnne]

regras (f pl)	pravidla (s mn)	[pravɪdla]
gramática (f)	mluvnice (ž)	[mluvnɪtsɛ]
vocabulário (m)	slovní zásoba (ž)	[slovni: za:soba]
fonética (f)	hláskosloví (s)	[hla:skoslovi:]

livro (m) didático	učebnice (ž)	[utʃɛbnɪtsɛ]
dicionário (m)	slovník (m)	[slovni:k]
manual (m) autodidático	učebnice (ž) pro samouky	[utʃɛbnɪtsɛ pro samoukɪ]
guia (m) de conversação	konverzace (ž)	[konvɛrzatsɛ]

fita (f) cassete	kazeta (ž)	[kazɛta]
videoteipe (m)	videokazeta (ž)	[vɪdɛokazɛta]
CD (m)	CD disk (m)	[tsɛ:dɛ: dɪsk]
DVD (m)	DVD (s)	[dɛvɛdɛ]

alfabeto (m)	abeceda (ž)	[abɛtsɛda]
soletrar (vt)	hláskovat	[hla:skovat]
pronúncia (f)	výslovnost (ž)	[vi:slovnost]

sotaque (m)	cizí přízvuk (m)	[tsɪzi: prʃi:zvuk]
com sotaque	s cizím přízvukem	[s tsɪzi:m prʃi:zvukɛm]
sem sotaque	bez cizího přízvuku	[bɛz tsɪzi:ho prʃi:zvuku]

| palavra (f) | slovo (s) | [slovo] |
| sentido (m) | smysl (m) | [smɪsl] |

| curso (m) | kurzy (m mn) | [kurzɪ] |
| inscrever-se (vr) | zapsat se | [zapsat sɛ] |

professor (m)	**vyučující** (m)	[vɪutʃuji:tsi:]
tradução (processo)	**překlad** (m)	[prʃɛklat]
tradução (texto)	**překlad** (m)	[prʃɛklat]
tradutor (m)	**překladatel** (m)	[prʃɛkladatɛl]
intérprete (m)	**tlumočník** (m)	[tlumotʃni:k]
poliglota (m)	**polyglot** (m)	[polɪglot]
memória (f)	**paměť** (ž)	[pamnetʲ]

REFEIÇÕES. RESTAURANTE

48. Por a mesa

colher (f)	lžíce (ž)	[ʒi:tsɛ]
faca (f)	nůž (m)	[nu:ʃ]
garfo (m)	vidlička (ž)	[vɪdlɪtʃka]

xícara (f)	šálek (m)	[ʃa:lɛk]
prato (m)	talíř (m)	[tali:rʃ]
pires (m)	talířek (m)	[tali:rʒɛk]
guardanapo (m)	ubrousek (m)	[ubrousɛk]
palito (m)	párátko (s)	[pa:ra:tko]

49. Restaurante

restaurante (m)	restaurace (ž)	[rɛstauratsɛ]
cafeteria (f)	kavárna (ž)	[kava:rna]
bar (m), cervejaria (f)	bar (m)	[bar]
salão (m) de chá	čajovna (ž)	[tʃajovna]

garçom (m)	číšník (m)	[tʃi:ʃni:k]
garçonete (f)	číšnice (ž)	[tʃi:ʃnɪtsɛ]
barman (m)	barman (m)	[barman]

cardápio (m)	jídelní lístek (m)	[ji:dɛlni: li:stɛk]
lista (f) de vinhos	nápojový lístek (m)	[na:pojovi: li:stɛk]
reservar uma mesa	rezervovat stůl	[rɛzɛrvovat stu:l]

prato (m)	jídlo (s)	[ji:dlo]
pedir (vt)	objednat si	[objɛdnat sɪ]
fazer o pedido	objednat si	[objɛdnat sɪ]

aperitivo (m)	aperitiv (m)	[apɛrɪtɪf]
entrada (f)	předkrm (m)	[prʃɛtkrm]
sobremesa (f)	desert (m)	[dɛsɛrt]

conta (f)	účet (m)	[u:tʃɛt]
pagar a conta	zaplatit účet	[zaplatɪt u:tʃɛt]
dar o troco	dát nazpátek	[da:t naspa:tɛk]
gorjeta (f)	spropitné (s)	[spropɪtnɛ:]

50. Refeições

| comida (f) | jídlo (s) | [ji:dlo] |
| comer (vt) | jíst | [ji:st] |

café (m) da manhã	snídaně (ž)	[sni:dane]
tomar café da manhã	snídat	[sni:dat]
almoço (m)	oběd (m)	[obet]
almoçar (vi)	obědvat	[obedvat]
jantar (m)	večeře (ž)	[vɛtʃɛrʒɛ]
jantar (vi)	večeřet	[vɛtʃɛrʒɛt]

apetite (m)	chuť (ž) k jídlu	[xutⁱ k ji:dlu]
Bom apetite!	Dobrou chuť!	[dobrou xutⁱ]

abrir (~ uma lata, etc.)	otvírat	[otvi:rat]
derramar (~ líquido)	rozlít	[rozli:t]
derramar-se (vr)	rozlít se	[rozli:t sɛ]

ferver (vi)	vřít	[vrʒi:t]
ferver (vt)	vařit	[varʒɪt]
fervido (adj)	svařený	[svarʒɛni:]
esfriar (vt)	ochladit	[oxladɪt]
esfriar-se (vr)	ochlazovat se	[oxlazovat sɛ]

sabor, gosto (m)	chuť (ž)	[xutⁱ]
fim (m) de boca	příchuť (ž)	[prʃi:xutⁱ]

emagrecer (vi)	držet dietu	[drʒet dɪetu]
dieta (f)	dieta (ž)	[dɪeta]
vitamina (f)	vitamín (m)	[vɪtami:n]
caloria (f)	kalorie (ž)	[kalorɪe]
vegetariano (m)	vegetarián (m)	[vɛgɛtarɪa:n]
vegetariano (adj)	vegetariánský	[vɛgɛtarɪa:nski:]

gorduras (f pl)	tuky (m)	[tukɪ]
proteínas (f pl)	bílkoviny (ž)	[bi:lkovɪnɪ]
carboidratos (m pl)	karbohydráty (mn)	[karbohɪdrati:]
fatia (~ de limão, etc.)	plátek (m)	[pla:tɛk]
pedaço (~ de bolo)	kousek (m)	[kousɛk]
migalha (f), farelo (m)	drobek (m)	[drobɛk]

51. Pratos cozinhados

prato (m)	jídlo (s)	[ji:dlo]
cozinha (~ portuguesa)	kuchyně (ž)	[kuxɪne]
receita (f)	recept (m)	[rɛtsɛpt]
porção (f)	porce (ž)	[portsɛ]

salada (f)	salát (m)	[sala:t]
sopa (f)	polévka (ž)	[polɛ:fka]

caldo (m)	vývar (m)	[vi:var]
sanduíche (m)	obložený chlebíček (m)	[oblozɛni: xlɛbi:tʃɛk]
ovos (m pl) fritos	míchaná vejce (s mn)	[mi:xana: vɛjtsɛ]

hambúrguer (m)	hamburger (m)	[hamburgɛr]
bife (m)	biftek (m)	[bɪftɛk]
acompanhamento (m)	příloha (ž)	[prʃi:loha]

espaguete (m)	spagety (m mn)	[spagɛtɪ]
purê (m) de batata	bramborová kaše (ž)	[bramborova: kaʃɛ]
pizza (f)	pizza (ž)	[pɪtsa]
mingau (m)	kaše (ž)	[kaʃɛ]
omelete (f)	omeleta (ž)	[omɛlɛta]

fervido (adj)	vařený	[varʒɛni:]
defumado (adj)	uzený	[uzɛni:]
frito (adj)	smažený	[smaʒeni:]
seco (adj)	sušený	[suʃɛni:]
congelado (adj)	zmražený	[zmraʒeni:]
em conserva (adj)	marinovaný	[marɪnovani:]

doce (adj)	sladký	[slatki:]
salgado (adj)	slaný	[slani:]
frio (adj)	studený	[studɛni:]
quente (adj)	teplý	[tɛpli:]
amargo (adj)	hořký	[horʃki:]
gostoso (adj)	chutný	[xutni:]

cozinhar em água fervente	vařit	[varʒɪt]
preparar (vt)	vařit	[varʒɪt]
fritar (vt)	smažit	[smaʒɪt]
aquecer (vt)	ohřívat	[ohrʒi:vat]

salgar (vt)	solit	[solɪt]
apimentar (vt)	pepřit	[pɛprʃɪt]
ralar (vt)	strouhat	[strouhat]
casca (f)	slupka (ž)	[slupka]
descascar (vt)	loupat	[loupat]

52. Comida

carne (f)	maso (s)	[maso]
galinha (f)	slepice (ž)	[slɛpɪtsɛ]
frango (m)	kuře (s)	[kurʒɛ]
pato (m)	kachna (ž)	[kaxna]
ganso (m)	husa (ž)	[husa]
caça (f)	zvěřina (ž)	[zverʒɪna]
peru (m)	krůta (ž)	[kru:ta]

carne (f) de porco	vepřové (s)	[vɛprʃovɛ:]
carne (f) de vitela	telecí (s)	[tɛlɛtsi:]
carne (f) de carneiro	skopové (s)	[skopovɛ:]
carne (f) de vaca	hovězí (s)	[hovezi:]
carne (f) de coelho	králík (m)	[kra:li:k]

linguiça (f), salsichão (m)	salám (m)	[sala:m]
salsicha (f)	párek (m)	[pa:rɛk]
bacon (m)	slanina (ž)	[slanɪna]
presunto (m)	šunka (ž)	[ʃuŋka]
pernil (m) de porco	kýta (ž)	[ki:ta]
patê (m)	paštika (ž)	[paʃtɪka]
fígado (m)	játra (s mn)	[ja:tra]

| guisado (m) | mleté maso (s) | [mlɛtɛ: maso] |
| língua (f) | jazyk (m) | [jazɪk] |

ovo (m)	vejce (s)	[vɛjtsɛ]
ovos (m pl)	vejce (s mn)	[vɛjtsɛ]
clara (f) de ovo	bílek (m)	[bi:lɛk]
gema (f) de ovo	žloutek (m)	[ʒloutɛk]

peixe (m)	ryby (ž mn)	[rɪbɪ]
mariscos (m pl)	mořské plody (m mn)	[morʃskɛ: plodɪ]
caviar (m)	kaviár (m)	[kavɪa:r]

caranguejo (m)	krab (m)	[krap]
camarão (m)	kreveta (ž)	[krɛvɛta]
ostra (f)	ústřice (ž)	[u:strʃɪtsɛ]
lagosta (f)	langusta (ž)	[langusta]
polvo (m)	chobotnice (ž)	[xobotnɪtsɛ]
lula (f)	sépie (ž)	[sɛ:pɪe]

esturjão (m)	jeseter (m)	[jɛsɛtɛr]
salmão (m)	losos (m)	[losos]
halibute (m)	platýs (m)	[plati:s]

bacalhau (m)	treska (ž)	[trɛska]
cavala, sarda (f)	makrela (ž)	[makrɛla]
atum (m)	tuňák (m)	[tunʲa:k]
enguia (f)	úhoř (m)	[u:horʃ]

truta (f)	pstruh (m)	[pstrux]
sardinha (f)	sardinka (ž)	[sardɪŋka]
lúcio (m)	štika (ž)	[ʃtɪka]
arenque (m)	sleď (ž)	[slɛtʲ]

pão (m)	chléb (m)	[xlɛ:p]
queijo (m)	sýr (m)	[si:r]
açúcar (m)	cukr (m)	[tsukr]
sal (m)	sůl (ž)	[su:l]

arroz (m)	rýže (ž)	[ri:ʒe]
massas (f pl)	makaróny (m mn)	[makaro:nɪ]
talharim, miojo (m)	nudle (ž mn)	[nudlɛ]

manteiga (f)	máslo (s)	[ma:slo]
óleo (m) vegetal	olej (m)	[olɛj]
óleo (m) de girassol	slunečnicový olej (m)	[slunɛtʃnɪtsovi: olɛj]
margarina (f)	margarín (m)	[margari:n]

| azeitonas (f pl) | olivy (ž) | [olɪvɪ] |
| azeite (m) | olivový olej (m) | [olɪvovi: olɛj] |

leite (m)	mléko (s)	[mlɛ:ko]
leite (m) condensado	kondenzované mléko (s)	[kondɛnzovanɛ: mlɛ:ko]
iogurte (m)	jogurt (m)	[jogurt]
creme (m) azedo	kyselá smetana (ž)	[kɪsɛla: smɛtana]
creme (m) de leite	sladká smetana (ž)	[slatka: smɛtana]
maionese (f)	majonéza (ž)	[majonɛ:za]

creme (m)	krém (m)	[krɛːm]
grãos (m pl) de cereais	kroupy (ž mn)	[kroupɪ]
farinha (f)	mouka (ž)	[mouka]
enlatados (m pl)	konzerva (ž)	[konzɛrva]

flocos (m pl) de milho	kukuřičné vločky (ž mn)	[kukurʒɪʧɲɛː vloʧkɪ]
mel (m)	med (m)	[mɛt]
geleia (m)	džem (m)	[dʒem]
chiclete (m)	žvýkačka (ž)	[ʒviːkaʧka]

53. Bebidas

água (f)	voda (ž)	[voda]
água (f) potável	pitná voda (ž)	[pɪtna: voda]
água (f) mineral	minerální voda (ž)	[mɪnɛraːlni: voda]

sem gás (adj)	neperlivý	[nɛpɛrlɪviː]
gaseificada (adj)	perlivý	[pɛrlɪviː]
com gás	perlivý	[pɛrlɪviː]
gelo (m)	led (m)	[lɛt]
com gelo	s ledem	[s lɛdɛm]

não alcoólico (adj)	nealkoholický	[nɛalkoholɪtski:]
refrigerante (m)	nealkoholický nápoj (m)	[nɛalkoholɪtski: naːpoj]
refresco (m)	osvěžující nápoj (m)	[osveʒujiːʦi: naːpoj]
limonada (f)	limonáda (ž)	[lɪmonaːda]

bebidas (f pl) alcoólicas	alkoholické nápoje (m mn)	[alkoholɪtskɛ: naːpojɛ]
vinho (m)	víno (s)	[viːno]
vinho (m) branco	bílé víno (s)	[biːlɛ: viːno]
vinho (m) tinto	červené víno (s)	[ʧɛrvɛnɛ: viːno]

licor (m)	likér (m)	[lɪkɛːr]
champanhe (m)	šampaňské (s)	[ʃampanʲskɛː]
vermute (m)	vermut (m)	[vɛrmut]

uísque (m)	whisky (ž)	[vɪskɪ]
vodca (f)	vodka (ž)	[votka]
gim (m)	džin (m)	[dʒɪn]
conhaque (m)	koňak (m)	[konʲak]
rum (m)	rum (m)	[rum]

café (m)	káva (ž)	[kaːva]
café (m) preto	černá káva (ž)	[ʧɛrna: kaːva]
café (m) com leite	bílá káva (ž)	[biːla: kaːva]
cappuccino (m)	kapučíno (s)	[kaputʃiːno]
café (m) solúvel	rozpustná káva (ž)	[rozpustna: kaːva]

leite (m)	mléko (s)	[mlɛːko]
coquetel (m)	koktail (m)	[koktajl]
batida (f), milkshake (m)	mléčný koktail (m)	[mlɛtʃni: koktajl]

| suco (m) | šťáva (ž), džus (m) | [ʃtʲaːva], [dʒus] |
| suco (m) de tomate | rajčatová šťáva (ž) | [rajʧatova: ʃtʲaːva] |

| suco (m) de laranja | pomerančový džus (m) | [pomɛrantʃovi: dʒus] |
| suco (m) fresco | vymačkaná šťáva (ž) | [vɪmatʃkana: ʃtʲa:va] |

cerveja (f)	pivo (s)	[pɪvo]
cerveja (f) clara	světlé pivo (s)	[svetlɛ: pɪvo]
cerveja (f) preta	tmavé pivo (s)	[tmavɛ: pɪvo]

chá (m)	čaj (m)	[tʃaj]
chá (m) preto	černý čaj (m)	[tʃɛrni: tʃaj]
chá (m) verde	zelený čaj (m)	[zɛlɛni: tʃaj]

54. Vegetais

| vegetais (m pl) | zelenina (ž) | [zɛlɛnɪna] |
| verdura (f) | zelenina (ž) | [zɛlɛnɪna] |

tomate (m)	rajské jablíčko (s)	[rajskɛ: jabli:tʃko]
pepino (m)	okurka (ž)	[okurka]
cenoura (f)	mrkev (ž)	[mrkɛf]
batata (f)	brambory (ž mn)	[bramborɪ]
cebola (f)	cibule (ž)	[tsɪbulɛ]
alho (m)	česnek (m)	[tʃɛsnɛk]

couve (f)	zelí (s)	[zɛli:]
couve-flor (f)	květák (m)	[kveta:k]
couve-de-bruxelas (f)	růžičková kapusta (ž)	[ru:ʒɪtʃkova: kapusta]
brócolis (m pl)	brokolice (ž)	[brokolɪtsɛ]
beterraba (f)	červená řepa (ž)	[tʃɛrvena: rʒɛpa]
berinjela (f)	lilek (m)	[lɪlɛk]
abobrinha (f)	cukina, cuketa (ž)	[tsukɪna], [tsuketa]
abóbora (f)	tykev (ž)	[tɪkɛf]
nabo (m)	vodní řepa (ž)	[vodni: rʒɛpa]

salsa (f)	petržel (ž)	[pɛtrʒel]
endro, aneto (m)	kopr (m)	[kopr]
alface (f)	salát (m)	[sala:t]
aipo (m)	celer (m)	[tsɛlɛr]
aspargo (m)	chřest (m)	[xrʃɛst]
espinafre (m)	špenát (m)	[ʃpɛna:t]
ervilha (f)	hrách (m)	[hra:x]
feijão (~ soja, etc.)	boby (m mn)	[bobɪ]
milho (m)	kukuřice (ž)	[kukurʒɪtsɛ]
feijão (m) roxo	fazole (ž)	[fazolɛ]

pimentão (m)	pepř (m)	[pɛprʃ]
rabanete (m)	ředkvička (ž)	[rʒɛtkvɪtʃka]
alcachofra (f)	artyčok (m)	[artɪtʃok]

55. Frutos. Nozes

| fruta (f) | ovoce (s) | [ovotsɛ] |
| maçã (f) | jablko (s) | [jablko] |

pera (f)	hruška (ž)	[hruʃka]
limão (m)	citrón (m)	[ʦɪtro:n]
laranja (f)	pomeranč (m)	[pomɛranʧ]
morango (m)	zahradní jahody (ž mn)	[zahradni: jahodɪ]

tangerina (f)	mandarinka (ž)	[mandarɪŋka]
ameixa (f)	švestka (ž)	[ʃvɛstka]
pêssego (m)	broskev (ž)	[broskɛf]
damasco (m)	meruňka (ž)	[mɛrunʲka]
framboesa (f)	maliny (ž mn)	[malɪnɪ]
abacaxi (m)	ananas (m)	[ananas]

banana (f)	banán (m)	[bana:n]
melancia (f)	vodní meloun (m)	[vodni: mɛloun]
uva (f)	hroznové víno (s)	[hroznovɛ: vi:no]
ginja (f)	višně (ž)	[vɪʃne]
cereja (f)	třešně (ž)	[trʃɛʃne]
melão (m)	cukrový meloun (m)	[ʦukrovi: mɛloun]

toranja (f)	grapefruit (m)	[grɛjpfru:t]
abacate (m)	avokádo (s)	[avoka:do]
mamão (m)	papája (ž)	[papa:ja]
manga (f)	mango (s)	[mango]
romã (f)	granátové jablko (s)	[grana:tovɛ: jablko]

groselha (f) vermelha	červený rybíz (m)	[ʧɛrvɛni: rɪbi:z]
groselha (f) negra	černý rybíz (m)	[ʧɛrni: rɪbi:z]
groselha (f) espinhosa	angrešt (m)	[angrɛʃt]
mirtilo (m)	borůvky (ž mn)	[boru:fkɪ]
amora (f) silvestre	ostružiny (ž mn)	[ostruʒɪnɪ]

passa (f)	hrozinky (ž mn)	[hrozɪŋkɪ]
figo (m)	fík (m)	[fi:k]
tâmara (f)	datle (ž)	[datlɛ]

amendoim (m)	burský oříšek (m)	[burski: orʒi:ʃɛk]
amêndoa (f)	mandle (ž)	[mandlɛ]
noz (f)	vlašský ořech (m)	[vlaʃski: orʒɛx]
avelã (f)	lískový ořech (m)	[li:skovi: orʒɛx]
coco (m)	kokos (m)	[kokos]
pistaches (m pl)	pistácie (ž)	[pɪsta:ʦɪe]

56. Pão. Bolaria

pastelaria (f)	cukroví (s)	[ʦukrovi:]
pão (m)	chléb (m)	[xlɛ:p]
biscoito (m), bolacha (f)	sušenky (ž mn)	[suʃɛŋkɪ]

chocolate (m)	čokoláda (ž)	[ʧokola:da]
de chocolate	čokoládový	[ʧokola:dovi:]
bala (f)	bonbón (m)	[bonbo:n]
doce (bolo pequeno)	zákusek (m)	[za:kusɛk]
bolo (m) de aniversário	dort (m)	[dort]
torta (f)	koláč (m)	[kola:ʧ]

recheio (m)	nádivka (ž)	[na:dɪfka]
geleia (m)	zavařenina (ž)	[zavarʒɛnɪna]
marmelada (f)	marmeláda (ž)	[marmɛla:da]
wafers (m pl)	oplatky (mn)	[oplatkɪ]
sorvete (m)	zmrzlina (ž)	[zmrzlɪna]

57. Especiarias

sal (m)	sůl (ž)	[su:l]
salgado (adj)	slaný	[slani:]
salgar (vt)	solit	[solɪt]

pimenta-do-reino (f)	černý pepř (m)	[ʧɛrni: pɛprʃ]
pimenta (f) vermelha	červená paprika (ž)	[ʧɛrvɛna: paprɪka]
mostarda (f)	hořčice (ž)	[horʃʧɪtsɛ]
raiz-forte (f)	křen (m)	[krʃɛn]

condimento (m)	ochucovadlo (s)	[oxutsovadlo]
especiaria (f)	koření (s)	[korʒɛni:]
molho (~ inglês)	omáčka (ž)	[oma:ʧka]
vinagre (m)	ocet (m)	[otsɛt]

anis estrelado (m)	anýz (m)	[ani:z]
manjericão (m)	bazalka (ž)	[bazalka]
cravo (m)	hřebíček (m)	[hrʒɛbi:ʧɛk]
gengibre (m)	zázvor (m)	[za:zvor]
coentro (m)	koriandr (m)	[korɪandr]
canela (f)	skořice (ž)	[skorʒɪtsɛ]

gergelim (m)	sezam (m)	[sɛzam]
folha (f) de louro	bobkový list (m)	[bopkovi: lɪst]
páprica (f)	paprika (ž)	[paprɪka]
cominho (m)	kmín (m)	[kmi:n]
açafrão (m)	šafrán (m)	[ʃafra:n]

INFORMAÇÃO PESSOAL. FAMÍLIA

58. Informação pessoal. Formulários

nome (m)	jméno (s)	[jmɛːno]
sobrenome (m)	příjmení (s)	[prʃiːjmɛni:]
data (f) de nascimento	datum (s) narození	[datum narozɛni:]
local (m) de nascimento	místo (s) narození	[mi:sto narozɛni:]
nacionalidade (f)	národnost (ž)	[na:rodnost]
lugar (m) de residência	bydliště (s)	[bɪdlɪʃte]
país (m)	země (ž)	[zɛmnɛ]
profissão (f)	povolání (s)	[povola:ni:]
sexo (m)	pohlaví (s)	[pohlavi:]
estatura (f)	postava (ž)	[postava]
peso (m)	váha (ž)	[va:ha]

59. Membros da família. Parentes

mãe (f)	matka (ž)	[matka]
pai (m)	otec (m)	[otɛts]
filho (m)	syn (m)	[sɪn]
filha (f)	dcera (ž)	[dtsɛra]
caçula (f)	nejmladší dcera (ž)	[nɛjmladʃiː dtsɛra]
caçula (m)	nejmladší syn (m)	[nɛjmladʃiː sɪn]
filha (f) mais velha	nejstarší dcera (ž)	[nɛjstarʃiː dtsɛra]
filho (m) mais velho	nejstarší syn (m)	[nɛjstarʃiː sɪn]
irmão (m)	bratr (m)	[bratr]
irmã (f)	sestra (ž)	[sɛstra]
primo (m)	bratranec (m)	[bratranɛts]
prima (f)	sestřenice (ž)	[sɛstrʃɛnɪtsɛ]
mamãe (f)	maminka (ž)	[mamɪŋka]
papai (m)	táta (m)	[ta:ta]
pais (pl)	rodiče (m mn)	[rodɪtʃɛ]
criança (f)	dítě (s)	[di:te]
crianças (f pl)	děti (ž mn)	[detɪ]
avó (f)	babička (ž)	[babɪtʃka]
avô (m)	dědeček (m)	[dedɛtʃɛk]
neto (m)	vnuk (m)	[vnuk]
neta (f)	vnučka (ž)	[vnutʃka]
netos (pl)	vnuci (m mn)	[vnutsɪ]
tio (m)	strýc (m)	[stri:ts]
tia (f)	teta (ž)	[tɛta]

| sobrinho (m) | synovec (m) | [sɪnovɛʦ] |
| sobrinha (f) | neteř (ž) | [nɛtɛrʃ] |

sogra (f)	tchyně (ž)	[txɪne]
sogro (m)	tchán (m)	[txaːn]
genro (m)	zeť (m)	[zɛtʲ]
madrasta (f)	nevlastní matka (ž)	[nɛvlastni: matka]
padrasto (m)	nevlastní otec (m)	[nɛvlastni: otɛʦ]

criança (f) de colo	kojenec (m)	[kojɛnɛʦ]
bebê (m)	nemluvně (s)	[nɛmluvne]
menino (m)	děcko (s)	[dɛʦko]

mulher (f)	žena (ž)	[ʒena]
marido (m)	muž (m)	[muʃ]
esposo (m)	manžel (m)	[manʒel]
esposa (f)	manželka (ž)	[manʒelka]

casado (adj)	ženatý	[ʒenati:]
casada (adj)	vdaná	[vdana:]
solteiro (adj)	svobodný	[svobodni:]
solteirão (m)	mládenec (m)	[mlaːdɛnɛʦ]
divorciado (adj)	rozvedený	[rozvɛdɛni:]
viúva (f)	vdova (ž)	[vdova]
viúvo (m)	vdovec (m)	[vdovɛʦ]

parente (m)	příbuzný (m)	[prʃiːbuzni:]
parente (m) próximo	blízký příbuzný (m)	[bli:ski: prʃiːbuzni:]
parente (m) distante	vzdálený příbuzný (m)	[vzdaːlɛni: prʃiːbuzni:]
parentes (m pl)	příbuzenstvo (s)	[prʃiːbuzɛnstvo]

órfão (m), órfã (f)	sirotek (m, ž)	[sɪrotɛk]
tutor (m)	poručník (m)	[porutʃniːk]
adotar (um filho)	adoptovat	[adoptovat]
adotar (uma filha)	adoptovat dívku	[adoptovat difku]

60. Amigos. Colegas de trabalho

amigo (m)	přítel (m)	[prʃiːtɛl]
amiga (f)	přítelkyně (ž)	[prʃiːtɛlkɪne]
amizade (f)	přátelství (s)	[prʃaːtɛlstvi:]
ser amigos	kamarádit	[kamaraːdɪt]

amigo (m)	kamarád (m)	[kamaraːt]
amiga (f)	kamarádka (ž)	[kamaraːtka]
parceiro (m)	partner (m)	[partnɛr]

chefe (m)	šéf (m)	[ʃɛːf]
superior (m)	vedoucí (m)	[vɛdouʦi:]
subordinado (m)	podřízený (m)	[podrʒiːzɛni:]
colega (m, f)	kolega (m)	[kolɛga]

| conhecido (m) | známý (m) | [znaːmi:] |
| companheiro (m) de viagem | spolucestující (m) | [spoluʦɛstujiːʦi:] |

colega (m) de classe	spolužák (m)	[spoluʒaːk]
vizinho (m)	soused (m)	[sousɛt]
vizinha (f)	sousedka (ž)	[sousɛtka]
vizinhos (pl)	sousedé (m mn)	[sousɛdɛː]

CORPO HUMANO. MEDICINA

61. Cabeça

cabeça (f)	hlava (ž)	[hlava]
rosto, cara (f)	obličej (ž)	[oblɪʧɛj]
nariz (m)	nos (m)	[nos]
boca (f)	ústa (s mn)	[uːsta]

olho (m)	oko (s)	[oko]
olhos (m pl)	oči (s mn)	[oʧɪ]
pupila (f)	zornice (ž)	[zornɪtsɛ]
sobrancelha (f)	obočí (s)	[oboʧiː]
cílio (f)	řasa (ž)	[rʒasa]
pálpebra (f)	víčko (s)	[viːʧko]

língua (f)	jazyk (m)	[jazɪk]
dente (m)	zub (m)	[zup]
lábios (m pl)	rty (m mn)	[rtɪ]
maçãs (f pl) do rosto	lícní kosti (ž mn)	[liːtsni: kostɪ]
gengiva (f)	dáseň (ž)	[daːsɛnʲ]
palato (m)	patro (s)	[patro]

narinas (f pl)	chřípí (s)	[xrʃiːpiː]
queixo (m)	brada (ž)	[brada]
mandíbula (f)	čelist (ž)	[ʧɛlɪst]
bochecha (f)	tvář (ž)	[tvaːrʃ]

testa (f)	čelo (s)	[ʧɛlo]
têmpora (f)	spánek (s)	[spaːnɛk]
orelha (f)	ucho (s)	[uxo]
costas (f pl) da cabeça	týl (m)	[tiːl]
pescoço (m)	krk (m)	[krk]
garganta (f)	hrdlo (s)	[hrdlo]

cabelo (m)	vlasy (m mn)	[vlasɪ]
penteado (m)	účes (m)	[uːʧes]
corte (m) de cabelo	střih (m)	[strʃɪx]
peruca (f)	paruka (ž)	[paruka]

bigode (m)	vousy (m mn)	[vousɪ]
barba (f)	plnovous (m)	[plnovous]
ter (~ barba, etc.)	nosit	[nosɪt]
trança (f)	cop (m)	[tsop]
suíças (f pl)	licousy (m mn)	[lɪtsousɪ]

ruivo (adj)	zrzavý	[zrzaviː]
grisalho (adj)	šedivý	[ʃɛdɪviː]
careca (adj)	lysý	[lɪsiː]
calva (f)	lysina (ž)	[lɪsɪna]

| rabo-de-cavalo (m) | ocas (m) | [otsas] |
| franja (f) | ofina (ž) | [ofɪna] |

62. Corpo humano

| mão (f) | ruka (ž) | [ruka] |
| braço (m) | ruka (ž) | [ruka] |

dedo (m)	prst (m)	[prst]
polegar (m)	palec (m)	[palɛts]
dedo (m) mindinho	malíček (m)	[mali:t͡ʃɛk]
unha (f)	nehet (m)	[nɛhɛt]

punho (m)	pěst (ž)	[pest]
palma (f)	dlaň (ž)	[dlanʲ]
pulso (m)	zápěstí (s)	[za:pɛsti:]
antebraço (m)	předloktí (s)	[prʃɛdlokti:]
cotovelo (m)	loket (m)	[lokɛt]
ombro (m)	rameno (s)	[ramɛno]

perna (f)	noha (ž)	[noha]
pé (m)	chodidlo (s)	[xodɪdlo]
joelho (m)	koleno (s)	[kolɛno]
panturrilha (f)	lýtko (s)	[li:tko]
quadril (m)	stehno (s)	[stɛhno]
calcanhar (m)	pata (ž)	[pata]

corpo (m)	tělo (s)	[telo]
barriga (f), ventre (m)	břicho (s)	[brʒɪxo]
peito (m)	prsa (s mn)	[prsa]
seio (m)	prs (m)	[prs]
lado (m)	bok (m)	[bok]
costas (dorso)	záda (s mn)	[za:da]
região (f) lombar	kříž (m)	[krʃi:ʃ]
cintura (f)	pás (m)	[pa:s]

umbigo (m)	pupek (m)	[pupɛk]
nádegas (f pl)	hýždě (ž mn)	[hi:ʒde]
traseiro (m)	zadek (m)	[zadɛk]

sinal (m), pinta (f)	mateřské znaménko (s)	[matɛrʃkɛ: znamɛ:ŋko]
tatuagem (f)	tetování (s)	[tɛtova:ni:]
cicatriz (f)	jizva (ž)	[jɪzva]

63. Doenças

doença (f)	nemoc (ž)	[nɛmot͡s]
estar doente	být nemocný	[bi:t nɛmot͡sni:]
saúde (f)	zdraví (s)	[zdravi:]

| nariz (m) escorrendo | rýma (ž) | [ri:ma] |
| amigdalite (f) | angína (ž) | [angi:na] |

resfriado (m)	nachlazení (s)	[naxlazɛni:]
ficar resfriado	nachladit se	[naxladɪt sɛ]
bronquite (f)	bronchitida (ž)	[bronxɪti:da]
pneumonia (f)	zápal (m) plic	[za:pal plɪts]
gripe (f)	chřipka (ž)	[xrʃɪpka]
míope (adj)	krátkozraký	[kra:tkozraki:]
presbita (adj)	dalekozraký	[dalɛkozraki:]
estrabismo (m)	šilhavost (ž)	[ʃɪlhavost]
estrábico, vesgo (adj)	šilhavý	[ʃɪlhavi:]
catarata (f)	šedý zákal (m)	[ʃɛdi: za:kal]
glaucoma (m)	zelený zákal (m)	[zɛlɛni: za:kal]
AVC (m), apoplexia (f)	mozková mrtvice (ž)	[moskova: mrtvɪtsɛ]
ataque (m) cardíaco	infarkt (m)	[ɪnfarkt]
enfarte (m) do miocárdio	infarkt (m) myokardu	[ɪnfarkt mɪokardu]
paralisia (f)	obrna (ž)	[obrna]
paralisar (vt)	paralyzovat	[paralɪzovat]
alergia (f)	alergie (ž)	[alɛrgɪe]
asma (f)	astma (s)	[astma]
diabetes (f)	cukrovka (ž)	[tsukrofka]
dor (f) de dente	bolení (s) zubů	[bolɛni: zubu:]
cárie (f)	zubní kaz (m)	[zubni: kaz]
diarreia (f)	průjem (m)	[pru:jɛm]
prisão (f) de ventre	zácpa (ž)	[za:tspa]
desarranjo (m) intestinal	žaludeční potíže (ž mn)	[ʒaludɛtʃni: poti:ʒe]
intoxicação (f) alimentar	otrava (ž)	[otrava]
intoxicar-se	otrávit se	[otra:vɪt sɛ]
artrite (f)	artritida (ž)	[artrɪtɪda]
raquitismo (m)	rachitida (ž)	[raxɪtɪda]
reumatismo (m)	revmatismus (m)	[rɛvmatɪzmus]
arteriosclerose (f)	ateroskleróza (ž)	[atɛrosklɛro:za]
gastrite (f)	gastritida (ž)	[gastrɪtɪda]
apendicite (f)	apendicitida (ž)	[apɛndɪtsɪtɪda]
colecistite (f)	zánět (m) žlučníku	[za:net ʒlutʃni:ku]
úlcera (f)	vřed (m)	[vrʒɛt]
sarampo (m)	spalničky (ž mn)	[spalnɪtʃki:]
rubéola (f)	zarděnky (ž mn)	[zardeŋkɪ]
icterícia (f)	žloutenka (ž)	[ʒloutɛŋka]
hepatite (f)	hepatitida (ž)	[hɛpatɪtɪda]
esquizofrenia (f)	schizofrenie (ž)	[sxɪzofrɛnɪe]
raiva (f)	vzteklina (ž)	[vstɛklɪna]
neurose (f)	neuróza (ž)	[nɛuro:za]
contusão (f) cerebral	otřes (m) mozku	[otrʃɛs mosku]
câncer (m)	rakovina (ž)	[rakovɪna]
esclerose (f)	skleróza (ž)	[sklɛro:za]
esclerose (f) múltipla	roztroušená skleróza (ž)	[roztrouʃɛna: sklɛro:za]

alcoolismo (m)	alkoholismus (m)	[alkoholɪzmus]
alcoólico (m)	alkoholik (m)	[alkoholɪk]
sífilis (f)	syfilida (ž)	[sɪfɪlɪda]
AIDS (f)	AIDS (m)	[ajts]
tumor (m)	nádor (m)	[na:dor]
maligno (adj)	zhoubný	[zhoubni:]
benigno (adj)	nezhoubný	[nɛzhoubni:]
febre (f)	zimnice (ž)	[zɪmnɪʦɛ]
malária (f)	malárie (ž)	[mala:rɪe]
gangrena (f)	gangréna (ž)	[gangrɛ:na]
enjoo (m)	mořská nemoc (ž)	[morʃska: nɛmoʦ]
epilepsia (f)	padoucnice (ž)	[padouʦnɪʦɛ]
epidemia (f)	epidemie (ž)	[ɛpɪdɛmɪe]
tifo (m)	tyf (m)	[tɪf]
tuberculose (f)	tuberkulóza (ž)	[tubɛrkulo:za]
cólera (f)	cholera (ž)	[xolɛra]
peste (f) bubônica	mor (m)	[mor]

64. Sintomas. Tratamentos. Parte 1

sintoma (m)	příznak (m)	[prʃi:znak]
temperatura (f)	teplota (ž)	[tɛplota]
febre (f)	vysoká teplota (ž)	[vɪsoka: tɛplota]
pulso (m)	tep (m)	[tɛp]
vertigem (f)	závrať (ž)	[za:vratʲ]
quente (testa, etc.)	horký	[horki:]
calafrio (m)	mrazení (s)	[mrazɛni:]
pálido (adj)	bledý	[blɛdi:]
tosse (f)	kašel (m)	[kaʃɛl]
tossir (vi)	kašlat	[kaʃlat]
espirrar (vi)	kýchat	[ki:xat]
desmaio (m)	mdloby (ž mn)	[mdlobɪ]
desmaiar (vi)	upadnout do mdlob	[upadnout do mdlop]
mancha (f) preta	modřina (ž)	[modrʒɪna]
galo (m)	boule (ž)	[boulɛ]
machucar-se (vr)	uhodit se	[uhodɪt sɛ]
contusão (f)	pohmožděnina (ž)	[pohmoʒdɛnɪna]
machucar-se (vr)	uhodit se	[uhodɪt sɛ]
mancar (vi)	kulhat	[kulhat]
deslocamento (f)	vykloubení (s)	[vɪkloubɛni:]
deslocar (vt)	vykloubit	[vɪkloubɪt]
fratura (f)	zlomenina (ž)	[zlomɛnɪna]
fraturar (vt)	dostat zlomeninu	[dostat zlomɛnɪnu]
corte (m)	říznutí (s)	[rʒi:znuti:]
cortar-se (vr)	říznout se	[rʒi:znout sɛ]
hemorragia (f)	krvácení (s)	[krva:ʦɛni:]

queimadura (f)	popálenina (ž)	[popa:lɛnɪna]
queimar-se (vr)	spálit se	[spa:lɪt sɛ]

picar (vt)	píchnout	[pi:xnout]
picar-se (vr)	píchnout se	[pi:xnout sɛ]
lesionar (vt)	pohmoždit	[pohmoʒdɪt]
lesão (m)	pohmoždění (s)	[pohmoʒdeni:]
ferida (f), ferimento (m)	rána (ž)	[ra:na]
trauma (m)	úraz (m)	[u:raz]

delirar (vi)	blouznit	[blouznɪt]
gaguejar (vi)	zajíkat se	[zaji:kat sɛ]
insolação (f)	úpal (m)	[u:pal]

65. Sintomas. Tratamentos. Parte 2

dor (f)	bolest (ž)	[bolɛst]
farpa (no dedo, etc.)	tříska (ž)	[trʃi:ska]

suor (m)	pot (m)	[pot]
suar (vi)	potit se	[potɪt sɛ]
vômito (m)	zvracení (s)	[zvratsɛni:]
convulsões (f pl)	křeče (ž mn)	[krʃɛtʃɛ]

grávida (adj)	těhotná	[tehotna:]
nascer (vi)	narodit se	[narodɪt sɛ]
parto (m)	porod (m)	[porot]
dar à luz	rodit	[rodɪt]
aborto (m)	umělý potrat (m)	[umneli: potrat]

respiração (f)	dýchání (s)	[di:xa:ni:]
inspiração (f)	vdech (m)	[vdɛx]
expiração (f)	výdech (m)	[vi:dɛx]
expirar (vi)	vydechnout	[vɪdɛxnout]
inspirar (vi)	nadechnout se	[nadɛxnout sɛ]

inválido (m)	invalida (m)	[ɪnvalɪda]
aleijado (m)	mrzák (m)	[mrza:k]
drogado (m)	narkoman (m)	[narkoman]

surdo (adj)	hluchý	[hluxi:]
mudo (adj)	němý	[nemi:]

louco, insano (adj)	šílený	[ʃi:lɛni:]
louco (m)	šílenec (m)	[ʃi:lɛnɛts]
louca (f)	šílenec (ž)	[ʃi:lɛnɛts]
ficar louco	zešílet	[zɛʃi:lɛt]

gene (m)	gen (m)	[gɛn]
imunidade (f)	imunita (ž)	[ɪmunɪta]
hereditário (adj)	dědičný	[dedɪtʃni:]
congênito (adj)	vrozený	[vrozɛni:]
vírus (m)	virus (m)	[vɪrus]
micróbio (m)	mikrob (m)	[mɪkrop]

| bactéria (f) | baktérie (ž) | [baktɛ:rɪe] |
| infecção (f) | infekce (ž) | [ɪnfɛktsɛ] |

66. Sintomas. Tratamentos. Parte 3

| hospital (m) | nemocnice (ž) | [nɛmotsnɪtsɛ] |
| paciente (m) | pacient (m) | [patsɪent] |

diagnóstico (m)	diagnóza (ž)	[dɪagno:za]
cura (f)	léčení (s)	[lɛ:tʃɛni:]
tratamento (m) médico	léčba (ž)	[lɛ:tʃba]
curar-se (vr)	léčit se	[lɛ:tʃɪt sɛ]
tratar (vt)	léčit	[lɛ:tʃɪt]
cuidar (pessoa)	ošetřovat	[oʃɛtrʃovat]
cuidado (m)	ošetřování (s)	[oʃɛtrʃova:ni:]

operação (f)	operace (ž)	[opɛratsɛ]
enfaixar (vt)	obvázat	[obva:zat]
enfaixamento (m)	obvazování (s)	[obvazova:ni:]

vacinação (f)	očkování (s)	[otʃkova:ni:]
vacinar (vt)	dělat očkování	[delat otʃkova:ni:]
injeção (f)	injekce (ž)	[ɪnjɛktsɛ]
dar uma injeção	dávat injekci	[da:vat ɪnjɛktsɪ]

ataque (~ de asma, etc.)	záchvat (m)	[za:xvat]
amputação (f)	amputace (ž)	[amputatsɛ]
amputar (vt)	amputovat	[amputovat]
coma (f)	kóma (s)	[ko:ma]
estar em coma	být v kómatu	[bi:t v ko:matu]
reanimação (f)	reanimace (ž)	[rɛanɪmatsɛ]

recuperar-se (vr)	uzdravovat se	[uzdravovat sɛ]
estado (~ de saúde)	stav (m)	[staf]
consciência (perder a ~)	vědomí (s)	[vedomi:]
memória (f)	paměť (ž)	[pamneti]

tirar (vt)	trhat	[trhat]
obturação (f)	plomba (ž)	[plomba]
obturar (vt)	plombovat	[plombovat]

| hipnose (f) | hypnóza (ž) | [hɪpno:za] |
| hipnotizar (vt) | hypnotizovat | [hɪpnotɪzovat] |

67. Medicina. Drogas. Acessórios

medicamento (m)	lék (m)	[lɛ:k]
remédio (m)	prostředek (m)	[prostrʃɛdɛk]
receitar (vt)	předepsat	[prʒɛdɛpsat]
receita (f)	recept (m)	[rɛtsɛpt]
comprimido (m)	tableta (ž)	[tablɛta]
unguento (m)	mast (ž)	[mast]

ampola (f)	ampule (ž)	[ampulɛ]
solução, preparado (m)	mixtura (ž)	[mɪkstura]
xarope (m)	sirup (m)	[sɪrup]
cápsula (f)	pilulka (ž)	[pɪlulka]
pó (m)	prášek (m)	[pra:ʃɛk]

atadura (f)	obvaz (m)	[obvaz]
algodão (m)	vata (ž)	[vata]
iodo (m)	jód (m)	[jo:t]

curativo (m) adesivo	leukoplast (m)	[lɛukoplast]
conta-gotas (m)	pipeta (ž)	[pɪpɛta]
termômetro (m)	teploměr (m)	[tɛplomner]
seringa (f)	injekční stříkačka (ž)	[ɪnjɛktʃni: strʃi:katʃka]

| cadeira (f) de rodas | vozík (m) | [vozi:k] |
| muletas (f pl) | berle (ž mn) | [bɛrlɛ] |

analgésico (m)	anestetikum (s)	[anɛstɛtɪkum]
laxante (m)	projímadlo (s)	[proji:madlo]
álcool (m)	líh (m)	[li:x]
ervas (f pl) medicinais	bylina (ž)	[bɪlɪna]
de ervas (chá ~)	bylinný	[bɪlɪnni:]

APARTAMENTO

68. Apartamento

apartamento (m)	**byt** (m)	[bɪt]
quarto, cômodo (m)	**pokoj** (m)	[pokoj]
quarto (m) de dormir	**ložnice** (ž)	[loʒnɪtsɛ]
sala (f) de jantar	**jídelna** (ž)	[ji:dɛlna]
sala (f) de estar	**přijímací pokoj** (m)	[prʃɪji:maʦi: pokoj]
escritório (m)	**pracovna** (ž)	[praʦovna]
sala (f) de entrada	**předsíň** (ž)	[prʃɛtsi:nʲ]
banheiro (m)	**koupelna** (ž)	[koupɛlna]
lavabo (m)	**záchod** (m)	[za:xot]
teto (m)	**strop** (m)	[strop]
chão, piso (m)	**podlaha** (ž)	[podlaha]
canto (m)	**kout** (m)	[kout]

69. Mobiliário. Interior

mobiliário (m)	**nábytek** (m)	[na:bɪtɛk]
mesa (f)	**stůl** (m)	[stu:l]
cadeira (ž)	**židle** (ž)	[ʒɪdlɛ]
cama (f)	**lůžko** (s)	[lu:ʃko]
sofá, divã (m)	**pohovka** (ž)	[pohofka]
poltrona (f)	**křeslo** (s)	[krʃɛslo]
estante (f)	**knihovna** (ž)	[knɪhovna]
prateleira (f)	**police** (ž)	[polɪʦɛ]
guarda-roupas (m)	**skříň** (ž)	[skrʃi:nʲ]
cabide (m) de parede	**předsíňový věšák** (m)	[prʃɛdsi:novi veʃa:k]
cabideiro (m) de pé	**stojanový věšák** (m)	[stojanovi veʃa:k]
cômoda (f)	**prádelník** (m)	[pra:dɛlni:k]
mesinha (f) de centro	**konferenční stolek** (m)	[konfɛrɛntʃni: stolɛk]
espelho (m)	**zrcadlo** (s)	[zrʦadlo]
tapete (m)	**koberec** (m)	[kobɛrɛʦ]
tapete (m) pequeno	**kobereček** (m)	[kobɛrɛtʃɛk]
lareira (f)	**krb** (m)	[krp]
vela (f)	**svíce** (ž)	[svi:ʦɛ]
castiçal (m)	**svícen** (m)	[svi:ʦɛn]
cortinas (f pl)	**záclony** (ž mn)	[za:ʦlonɪ]
papel (m) de parede	**tapety** (ž mn)	[tapɛtɪ]

persianas (f pl)	žaluzie (ž)	[ʒaluzɪe]
luminária (f) de mesa	stolní lampa (ž)	[stolni: lampa]
luminária (f) de parede	svítidlo (s)	[svi:tɪdlo]
abajur (m) de pé	stojací lampa (ž)	[stojatsi: lampa]
lustre (m)	lustr (m)	[lustr]

pé (de mesa, etc.)	noha (ž)	[noha]
braço, descanso (m)	područka (ž)	[podrutʃka]
costas (f pl)	opěradlo (s)	[operadlo]
gaveta (f)	zásuvka (ž)	[za:sufka]

70. Quarto de dormir

roupa (f) de cama	ložní prádlo (s)	[loʒni: pra:dlo]
travesseiro (m)	polštář (m)	[polʃta:rʃ]
fronha (f)	povlak (m) na polštář	[povlak na polʃta:rʒ]
cobertor (m)	deka (ž)	[dɛka]
lençol (m)	prostěradlo (s)	[prosteradlo]
colcha (f)	přikrývka (ž)	[prʃɪkri:fka]

71. Cozinha

cozinha (f)	kuchyně (ž)	[kuxɪne]
gás (m)	plyn (m)	[plɪn]
fogão (m) a gás	plynový sporák (m)	[plɪnovi: spora:k]
fogão (m) elétrico	elektrický sporák (m)	[ɛlɛktrɪtski: spora:k]
forno (m)	trouba (ž)	[trouba]
forno (m) de micro-ondas	mikrovlnná pec (ž)	[mɪkrovlnna: pɛts]

geladeira (f)	lednička (ž)	[lɛdnɪtʃka]
congelador (m)	mrazicí komora (ž)	[mrazɪtsi: komora]
máquina (f) de lavar louça	myčka (ž) nádobí	[mɪtʃka na:dobi:]

moedor (m) de carne	mlýnek (m) na maso	[mli:nɛk na maso]
espremedor (m)	odšťavňovač (m)	[otʃtʲavnʲovatʃ]
torradeira (f)	opékač (m) topinek	[opɛ:katʃ topɪnɛk]
batedeira (f)	mixér (m)	[mɪksɛ:r]

máquina (f) de café	kávovar (m)	[ka:vovar]
cafeteira (f)	konvice (ž) na kávu	[konvɪtsɛ na ka:vu]
moedor (m) de café	mlýnek (m) na kávu	[mli:nɛk na ka:vu]

chaleira (f)	čajník (m)	[tʃajni:k]
bule (m)	čajová konvice (ž)	[tʃajova: konvɪtsɛ]
tampa (f)	poklička (ž)	[poklɪtʃka]
coador (m) de chá	cedítko (s)	[tsɛdi:tko]

colher (f)	lžíce (ž)	[ʒi:tsɛ]
colher (f) de chá	kávová lžička (ž)	[ka:vova: ʒɪtʃka]
colher (f) de sopa	polévková lžíce (ž)	[polɛ:fkova: ʒi:tsɛ]
garfo (m)	vidlička (ž)	[vɪdlɪtʃka]
faca (f)	nůž (m)	[nu:ʃ]

louça (f)	nádobí (s)	[na:dobi:]
prato (m)	talíř (m)	[tali:rʃ]
pires (m)	talířek (m)	[tali:rʒɛk]

cálice (m)	sklenička (ž)	[sklɛnɪtʃka]
copo (m)	sklenice (ž)	[sklɛnɪtsɛ]
xícara (f)	šálek (m)	[ʃa:lɛk]

açucareiro (m)	cukřenka (ž)	[tsukrʃɛŋka]
saleiro (m)	solnička (ž)	[solnɪtʃka]
pimenteiro (m)	pepřenka (ž)	[pɛprʃɛŋka]
manteigueira (f)	nádobka (ž) na máslo	[na:dopka na ma:slo]

panela (f)	hrnec (m)	[hrnɛts]
frigideira (f)	pánev (ž)	[pa:nɛf]
concha (f)	naběračka (ž)	[naberatʃka]
coador (m)	cedník (m)	[tsɛdni:k]
bandeja (f)	podnos (m)	[podnos]

garrafa (f)	láhev (ž)	[la:hɛf]
pote (m) de vidro	sklenice (ž)	[sklɛnɪtsɛ]
lata (~ de cerveja)	plechovka (ž)	[plɛxofka]

abridor (m) de garrafa	otvírač (m) lahví	[otvi:ratʃ lahvi:]
abridor (m) de latas	otvírač (m) konzerv	[otvi:ratʃ konzɛrf]
saca-rolhas (m)	vývrtka (ž)	[vi:vrtka]
filtro (m)	filtr (m)	[fɪltr]
filtrar (vt)	filtrovat	[fɪltrovat]

| lixo (m) | odpadky (m mn) | [otpatki:] |
| lixeira (f) | kbelík (m) na odpadky | [gbɛli:k na otpatkɪ] |

72. Casa de banho

banheiro (m)	koupelna (ž)	[koupɛlna]
água (f)	voda (ž)	[voda]
torneira (f)	kohout (m)	[kohout]
água (f) quente	teplá voda (ž)	[tɛpla: voda]
água (f) fria	studená voda (ž)	[studɛna: voda]

| pasta (f) de dente | zubní pasta (ž) | [zubni: pasta] |
| escovar os dentes | čistit si zuby | [tʃɪstɪt sɪ zubɪ] |

barbear-se (vr)	holit se	[holɪt sɛ]
espuma (f) de barbear	pěna (ž) na holení	[pena na holɛni:]
gilete (f)	holicí strojek (m)	[holɪtsi: strojɛk]

lavar (vt)	mýt	[mi:t]
tomar banho	mýt se	[mi:t sɛ]
chuveiro (m), ducha (f)	sprcha (ž)	[sprxa]
tomar uma ducha	sprchovat se	[sprxovat sɛ]

| banheira (f) | vana (ž) | [vana] |
| vaso (m) sanitário | záchodová mísa (ž) | [za:xodova: mi:sa] |

pia (f)	umývadlo (s)	[umi:vadlo]
sabonete (m)	mýdlo (m)	[mi:dlo]
saboneteira (f)	miska (ž) na mýdlo	[mɪska na mi:dlo]

esponja (f)	mycí houba (ž)	[mɪtsi: houba]
xampu (m)	šampon (m)	[ʃampon]
toalha (f)	ručník (m)	[rutʃni:k]
roupão (m) de banho	župan (m)	[ʒupan]

lavagem (f)	praní (s)	[prani:]
lavadora (f) de roupas	pračka (ž)	[pratʃka]
lavar a roupa	prát	[pra:t]
detergente (m)	prací prášek (m)	[pratsi: pra:ʃɛk]

73. Eletrodomésticos

televisor (m)	televizor (m)	[tɛlɛvɪzor]
gravador (m)	magnetofon (m)	[magnɛtofon]
videogravador (m)	videomagnetofon (m)	[vɪdɛomagnɛtofon]
rádio (m)	přijímač (m)	[prʃɪji:matʃ]
leitor (m)	přehrávač (m)	[prʃɛhra:vatʃ]

projetor (m)	projektor (m)	[projɛktor]
cinema (m) em casa	domácí biograf (m)	[doma:tsi: bɪograf]
DVD Player (m)	DVD přehrávač (m)	[dɛvɛdɛ prʃɛhra:vatʃ]
amplificador (m)	zesilovač (m)	[zɛsɪlovatʃ]
console (f) de jogos	hrací přístroj (m)	[hratsi: prʃi:stroj]

câmera (f) de vídeo	videokamera (ž)	[vɪdɛokamɛra]
máquina (f) fotográfica	fotoaparát (m)	[fotoapara:t]
câmera (f) digital	digitální fotoaparát (m)	[dɪgɪta:lni: fotoapara:t]

aspirador (m)	vysavač (m)	[vɪsavatʃ]
ferro (m) de passar	žehlička (ž)	[ʒehlɪtʃka]
tábua (f) de passar	žehlicí prkno (s)	[ʒehlɪtsi: prkno]

telefone (m)	telefon (m)	[tɛlɛfon]
celular (m)	mobilní telefon (m)	[mobɪlni: tɛlɛfon]
máquina (f) de escrever	psací stroj (m)	[psatsi: stroj]
máquina (f) de costura	šicí stroj (m)	[ʃɪtsi: stroj]

microfone (m)	mikrofon (m)	[mɪkrofon]
fone (m) de ouvido	sluchátka (s mn)	[sluxa:tka]
controle remoto (m)	ovládač (m)	[ovla:datʃ]

CD (m)	CD disk (m)	[tsɛ:dɛ: dɪsk]
fita (f) cassete	kazeta (ž)	[kazɛta]
disco (m) de vinil	deska (ž)	[dɛska]

A TERRA. TEMPO

74. Espaço sideral

espaço, cosmo (m)	kosmos (m)	[kosmos]
espacial, cósmico (adj)	kosmický	[kosmɪtski:]
espaço (m) cósmico	kosmický prostor (m)	[kosmɪtski: prostor]
mundo, universo (m)	vesmír (m)	[vɛsmi:r]
galáxia (f)	galaxie (ž)	[galaksɪe]
estrela (f)	hvězda (ž)	[hvezda]
constelação (f)	souhvězdí (s)	[souhvezdi:]
planeta (m)	planeta (ž)	[planɛta]
satélite (m)	družice (ž)	[druʒɪtsɛ]
meteorito (m)	meteorit (m)	[mɛtɛorɪt]
cometa (m)	kometa (ž)	[komɛta]
asteroide (m)	asteroid (m)	[astɛroɪt]
órbita (f)	oběžná dráha (ž)	[obeʒna: dra:ha]
girar (vi)	otáčet se	[ota:tʃɛt sɛ]
atmosfera (f)	atmosféra (ž)	[atmosfɛ:ra]
Sol (m)	Slunce (s)	[sluntsɛ]
Sistema (m) Solar	sluneční soustava (ž)	[slunɛtʃni: soustava]
eclipse (m) solar	sluneční zatmění (s)	[slunɛtʃni: zatmneni:]
Terra (f)	Země (ž)	[zɛmnɛ]
Lua (f)	Měsíc (m)	[mnesi:ts]
Marte (m)	Mars (m)	[mars]
Vênus (f)	Venuše (ž)	[vɛnuʃɛ]
Júpiter (m)	Jupiter (m)	[jupɪtɛr]
Saturno (m)	Saturn (m)	[saturn]
Mercúrio (m)	Merkur (m)	[mɛrkur]
Urano (m)	Uran (m)	[uran]
Netuno (m)	Neptun (m)	[nɛptun]
Plutão (m)	Pluto (s)	[pluto]
Via Láctea (f)	Mléčná dráha (ž)	[mlɛ:tʃna: dra:ha]
Ursa Maior (f)	Velká medvědice (ž)	[vɛlka: mɛdvedɪtsɛ]
Estrela Polar (f)	Polárka (ž)	[pola:rka]
marciano (m)	Marťan (m)	[martʲan]
extraterrestre (m)	mimozemšťan (m)	[mɪmozɛmʃtʲan]
alienígena (m)	vetřelec (m)	[vɛtrʃɛlɛts]
disco (m) voador	létající talíř (m)	[lɛ:taji:tsi: tali:rʃ]
espaçonave (f)	kosmická loď (ž)	[kosmɪtska: lotʲ]

estação (f) orbital	orbitální stanice (ž)	[orbɪta:lnɪ: stanɪʦɛ]
lançamento (m)	start (m)	[start]

motor (m)	motor (m)	[motor]
bocal (m)	tryska (ž)	[trɪska]
combustível (m)	palivo (s)	[palɪvo]

cabine (f)	kabina (ž)	[kabɪna]
antena (f)	anténa (ž)	[antɛ:na]
vigia (f)	okénko (s)	[okɛ:ŋko]
bateria (f) solar	sluneční baterie (ž)	[slunɛʧni: batɛrɪe]
traje (m) espacial	skafandr (m)	[skafandr]

imponderabilidade (f)	beztížný stav (m)	[bɛzti:ʒni: staf]
oxigênio (m)	kyslík (m)	[kɪsli:k]
acoplagem (f)	spojení (s)	[spojɛni:]
fazer uma acoplagem	spojovat se	[spojovat sɛ]

observatório (m)	observatoř (ž)	[opsɛrvatorʃ]
telescópio (m)	teleskop (m)	[tɛlɛskop]
observar (vt)	pozorovat	[pozorovat]
explorar (vt)	zkoumat	[skoumat]

75. A Terra

Terra (f)	Země (ž)	[zɛmnɛ]
globo terrestre (Terra)	zeměkoule (ž)	[zɛmnekoulɛ]
planeta (m)	planeta (ž)	[planɛta]

atmosfera (f)	atmosféra (ž)	[atmosfɛ:ra]
geografia (f)	zeměpis (m)	[zɛmnepɪs]
natureza (f)	příroda (ž)	[prʃi:roda]

globo (mapa esférico)	glóbus (m)	[glo:bus]
mapa (m)	mapa (ž)	[mapa]
atlas (m)	atlas (m)	[atlas]

Europa (f)	Evropa (ž)	[ɛvropa]
Ásia (f)	Asie (ž)	[azɪe]
África (f)	Afrika (ž)	[afrɪka]
Austrália (f)	Austrálie (ž)	[austra:lɪe]

América (f)	Amerika (ž)	[amɛrɪka]
América (f) do Norte	Severní Amerika (ž)	[sɛvɛrni: amɛrɪka]
América (f) do Sul	Jižní Amerika (ž)	[jɪʒni: amɛrɪka]
Antártida (f)	Antarktida (ž)	[antarkti:da]
Ártico (m)	Arktida (ž)	[arktɪda]

76. Pontos cardeais

norte (m)	sever (m)	[sɛvɛr]
para norte	na sever	[na sɛvɛr]

no norte	**na severu**	[na sɛvɛru]
do norte (adj)	**severní**	[sɛvɛrni:]
sul (m)	**jih** (m)	[jɪx]
para sul	**na jih**	[na jɪx]
no sul	**na jihu**	[na jɪhu]
do sul (adj)	**jižní**	[jɪʒni:]
oeste, ocidente (m)	**západ** (m)	[za:pat]
para oeste	**na západ**	[na za:pat]
no oeste	**na západě**	[na za:pade]
ocidental (adj)	**západní**	[za:padni:]
leste, oriente (m)	**východ** (m)	[vi:xot]
para leste	**na východ**	[na vi:xot]
no leste	**na východě**	[na vi:xode]
oriental (adj)	**východní**	[vi:xodni:]

77. Mar. Oceano

mar (m)	**moře** (s)	[morʒɛ]
oceano (m)	**oceán** (m)	[oʦɛa:n]
golfo (m)	**záliv** (m)	[za:lɪf]
estreito (m)	**průliv** (m)	[pru:lɪf]
continente (m)	**pevnina** (ž)	[pɛvnɪna]
ilha (f)	**ostrov** (m)	[ostrof]
península (f)	**poloostrov** (m)	[poloostrof]
arquipélago (m)	**souostroví** (s)	[souostrovi:]
baía (f)	**zátoka** (ž)	[za:toka]
porto (m)	**přístav** (m)	[prʃi:staf]
lagoa (f)	**laguna** (ž)	[lagu:na]
cabo (m)	**mys** (m)	[mɪs]
atol (m)	**atol** (m)	[atol]
recife (m)	**útes** (m)	[u:tɛs]
coral (m)	**korál** (m)	[kora:l]
recife (m) de coral	**korálový útes** (m)	[kora:lovi: u:tɛs]
profundo (adj)	**hluboký**	[hluboki:]
profundidade (f)	**hloubka** (ž)	[hloupka]
abismo (m)	**hlubina** (ž)	[hlubɪna]
fossa (f) oceânica	**prohlubeň** (ž)	[prohlubɛnʲ]
corrente (f)	**proud** (m)	[prout]
banhar (vt)	**omývat**	[omi:vat]
litoral (m)	**břeh** (m)	[brʒɛx]
costa (f)	**pobřeží** (s)	[pobrʒɛʒi:]
maré (f) alta	**příliv** (m)	[prʃi:lɪf]
refluxo (m)	**odliv** (m)	[odlɪf]
restinga (f)	**mělčina** (ž)	[mneltʃɪna]

fundo (m)	dno (s)	[dno]
onda (f)	vlna (ž)	[vlna]
crista (f) da onda	hřbet (m) vlny	[hrʒbɛt vlnɪ]
espuma (f)	pěna (ž)	[pena]

tempestade (f)	bouřka (ž)	[bourʃka]
furacão (m)	hurikán (m)	[hurɪka:n]
tsunami (m)	tsunami (s)	[tsunamɪ]
calmaria (f)	bezvětří (s)	[bɛzvetrʃi:]
calmo (adj)	klidný	[klɪdni:]

| polo (m) | pól (m) | [po:l] |
| polar (adj) | polární | [pola:rni:] |

latitude (f)	šířka (ž)	[ʃi:rʃka]
longitude (f)	délka (ž)	[dɛ:lka]
paralela (f)	rovnoběžka (ž)	[rovnobeʃka]
equador (m)	rovník (m)	[rovni:k]

céu (m)	obloha (ž)	[obloha]
horizonte (m)	horizont (m)	[horɪzont]
ar (m)	vzduch (m)	[vzdux]

farol (m)	maják (m)	[maja:k]
mergulhar (vi)	potápět se	[pota:pet sɛ]
afundar-se (vr)	potopit se	[potopɪt sɛ]
tesouros (m pl)	bohatství (s)	[bohatstvi:]

78. Nomes de Mares e Oceanos

Oceano (m) Atlântico	Atlantický oceán (m)	[atlantɪtski: otsɛa:n]
Oceano (m) Índico	Indický oceán (m)	[ɪndɪtski: otsɛa:n]
Oceano (m) Pacífico	Tichý oceán (m)	[tɪxi: otsɛa:n]
Oceano (m) Ártico	Severní ledový oceán (m)	[sɛvɛrni: lɛdovi: otsɛa:n]

Mar (m) Negro	Černé moře (s)	[ʧɛrnɛ: morʒɛ]
Mar (m) Vermelho	Rudé moře (s)	[rudɛ: morʒɛ]
Mar (m) Amarelo	Žluté moře (s)	[ʒlutɛ: morʒɛ]
Mar (m) Branco	Bílé moře (s)	[bi:lɛ: morʒɛ]

Mar (m) Cáspio	Kaspické moře (s)	[kaspɪtskɛ: morʒɛ]
Mar (m) Morto	Mrtvé moře (s)	[mrtvɛ: morʒɛ]
Mar (m) Mediterrâneo	Středozemní moře (s)	[strʃɛdozɛmni: morʒɛ]

| Mar (m) Egeu | Egejské moře (s) | [ɛgɛjskɛ: morʒɛ] |
| Mar (m) Adriático | Jaderské moře (s) | [jadɛrskɛ: morʒɛ] |

Mar (m) Arábico	Arabské moře (s)	[arapskɛ: morʒɛ]
Mar (m) do Japão	Japonské moře (s)	[japonskɛ: morʒɛ]
Mar (m) de Bering	Beringovo moře (s)	[bɛrɪngovo morʒɛ]
Mar (m) da China Meridional	Jihočínské moře (s)	[jɪhoʧi:nskɛ: morʒɛ]

| Mar (m) de Coral | Korálové moře (s) | [kora:lovɛ: morʒɛ] |
| Mar (m) de Tasman | Tasmanovo moře (s) | [tasmanovo morʒɛ] |

Mar (m) do Caribe	Karibské moře (s)	[karɪpskɛː morʒɛ]
Mar (m) de Barents	Barentsovo moře (s)	[barɛntsovo morʒɛ]
Mar (m) de Kara	Karské moře (s)	[karskɛ morʒɛ]

Mar (m) do Norte	Severní moře (s)	[sɛvɛrni morʒɛ]
Mar (m) Báltico	Baltské moře (s)	[baltskɛ morʒɛ]
Mar (m) da Noruega	Norské moře (s)	[norskɛ morʒɛ]

79. Montanhas

montanha (f)	hora (ž)	[hora]
cordilheira (f)	horské pásmo (s)	[horskɛ paːsmo]
serra (f)	horský hřbet (m)	[horski hrʒbɛt]

cume (m)	vrchol (m)	[vrxol]
pico (m)	štít (m)	[ʃtiːt]
pé (m)	úpatí (s)	[uːpatiː]
declive (m)	svah (m)	[svax]

vulcão (m)	sopka (ž)	[sopka]
vulcão (m) ativo	činná sopka (ž)	[tʃɪnnaː sopka]
vulcão (m) extinto	vyhaslá sopka (ž)	[vɪhaslaː sopka]

erupção (f)	výbuch (m)	[viːbux]
cratera (f)	kráter (m)	[kraːtɛr]
magma (m)	magma (ž)	[magma]

| lava (f) | láva (ž) | [laːva] |
| fundido (lava ~a) | rozžhavený | [rozʒhavɛniː] |

cânion, desfiladeiro (m)	kaňon (m)	[kanʲon]
garganta (f)	soutěska (ž)	[souteska]
fenda (f)	rozsedlina (ž)	[rozsɛdlɪna]

| passo, colo (m) | průsmyk (m) | [pruːsmɪk] |
| planalto (m) | plató (s) | [platoː] |

| falésia (f) | skála (ž) | [skaːla] |
| colina (f) | kopec (m) | [kopɛʦ] |

| geleira (f) | ledovec (m) | [lɛdovɛʦ] |
| cachoeira (f) | vodopád (m) | [vodopaːt] |

| gêiser (m) | vřídlo (s) | [vrʒiːdlo] |
| lago (m) | jezero (s) | [jɛzɛro] |

planície (f)	rovina (ž)	[rovɪna]
paisagem (f)	krajina (ž)	[krajɪna]
eco (m)	ozvěna (ž)	[ozvena]

alpinista (m)	horolezec (m)	[horolɛzɛʦ]
escalador (m)	horolezec (m)	[horolɛzɛʦ]
conquistar (vt)	dobývat	[dobiːvat]
subida, escalada (f)	výstup (m)	[viːstup]

80. Nomes de montanhas

Alpes (m pl)	Alpy (mn)	[alpɪ]
Monte Branco (m)	Mont Blanc (m)	[monblaŋ]
Pirineus (m pl)	Pyreneje (mn)	[pɪrɛnɛjɛ]
Cárpatos (m pl)	Karpaty (mn)	[karpatɪ]
Urais (m pl)	Ural (m)	[ural]
Cáucaso (m)	Kavkaz (m)	[kafkaz]
Elbrus (m)	Elbrus (m)	[ɛlbrus]
Altai (m)	Altaj (m)	[altaj]
Tian Shan (m)	Ťan-šan (ž)	[tʲan-ʃan]
Pamir (m)	Pamír (m)	[pami:r]
Himalaia (m)	Himaláje (mn)	[hɪmala:jɛ]
monte Everest (m)	Mount Everest (m)	[mount ɛvɛrɛst]
Cordilheira (f) dos Andes	Andy (mn)	[andɪ]
Kilimanjaro (m)	Kilimandžáro (s)	[kɪlɪmandʒa:ro]

81. Rios

rio (m)	řeka (ž)	[rʒɛka]
fonte, nascente (f)	pramen (m)	[pramɛn]
leito (m) de rio	koryto (s)	[korɪto]
bacia (f)	povodí (s)	[povodi:]
desaguar no ...	vlévat se	[vlɛ:vat sɛ]
afluente (m)	přítok (m)	[prʃi:tok]
margem (do rio)	břeh (m)	[brʒɛx]
corrente (f)	proud (m)	[prout]
rio abaixo	po proudu	[po proudu]
rio acima	proti proudu	[protɪ proudu]
inundação (f)	povodeň (ž)	[povodɛnʲ]
cheia (f)	záplava (ž)	[za:plava]
transbordar (vi)	rozlévat se	[rozlɛ:vat sɛ]
inundar (vt)	zaplavovat	[zaplavovat]
banco (m) de areia	mělčina (ž)	[mnɛltʃɪna]
corredeira (f)	peřej (ž)	[pɛrʒɛj]
barragem (f)	přehrada (ž)	[prʃɛhrada]
canal (m)	průplav (m)	[pru:plaf]
reservatório (m) de água	vodní nádrž (ž)	[vodni: na:drʃ]
eclusa (f)	zdymadlo (s)	[zdɪmadlo]
corpo (m) de água	vodojem (m)	[vodojɛm]
pântano (m)	bažina (ž)	[baʒɪna]
lamaçal (m)	slať (ž)	[slatʲ]
redemoinho (m)	vír (m)	[vi:r]
riacho (m)	potok (m)	[potok]

| potável (adj) | pitný | [pɪtni:] |
| doce (água) | sladký | [slatki:] |

| gelo (m) | led (m) | [lɛt] |
| congelar-se (vr) | zamrznout | [zamrznout] |

82. Nomes de rios

| rio Sena (m) | Seina (ž) | [se:na] |
| rio Loire (m) | Loira (ž) | [loa:ra] |

rio Tâmisa (m)	Temže (ž)	[tɛmʒe]
rio Reno (m)	Rýn (m)	[ri:n]
rio Danúbio (m)	Dunaj (m)	[dunaj]

rio Volga (m)	Volha (ž)	[volha]
rio Don (m)	Don (m)	[don]
rio Lena (m)	Lena (ž)	[lɛna]

rio Amarelo (m)	Chuang-chež (ž)	[xuan-xɛ]
rio Yangtzé (m)	Jang-c'-ťiang (ž)	[jang-ʦɛ-ťang]
rio Mekong (m)	Mekong (m)	[mɛkong]
rio Ganges (m)	Ganga (ž)	[ganga]

rio Nilo (m)	Nil (m)	[nɪl]
rio Congo (m)	Kongo (s)	[kongo]
rio Cubango (m)	Okavango (s)	[okavango]
rio Zambeze (m)	Zambezi (ž)	[zambɛzɪ]
rio Limpopo (m)	Limpopo (s)	[lɪmpopo]
rio Mississippi (m)	Mississippi (ž)	[mɪsɪsɪpɪ]

83. Floresta

| floresta (f), bosque (m) | les (m) | [lɛs] |
| florestal (adj) | lesní | [lɛsni:] |

mata (f) fechada	houština (ž)	[houʃtɪna]
arvoredo (m)	háj (m)	[ha:j]
clareira (f)	mýtina (ž)	[mi:tɪna]

| matagal (m) | houští (s) | [houʃti:] |
| mato (m), caatinga (f) | křoví (s) | [krʃovi:] |

| pequena trilha (f) | stezka (ž) | [stɛska] |
| ravina (f) | rokle (ž) | [roklɛ] |

árvore (f)	strom (m)	[strom]
folha (f)	list (m)	[lɪst]
folhagem (f)	listí (s)	[lɪsti:]

| queda (f) das folhas | padání (s) listí | [pada:ni: lɪsti:] |
| cair (vi) | opadávat | [opada:vat] |

topo (m)	vrchol (m)	[vrxol]
ramo (m)	větev (ž)	[vetɛf]
galho (m)	suk (m)	[suk]
botão (m)	pupen (m)	[pupɛn]
agulha (f)	jehla (ž)	[jɛhla]
pinha (f)	šiška (ž)	[ʃɪʃka]

buraco (m) de árvore	dutina (ž)	[dutɪna]
ninho (m)	hnízdo (s)	[hni:zdo]
toca (f)	doupě (s)	[doupe]

tronco (m)	kmen (m)	[kmɛn]
raiz (f)	kořen (m)	[korʒɛn]
casca (f) de árvore	kůra (ž)	[ku:ra]
musgo (m)	mech (m)	[mɛx]

arrancar pela raiz	klučit	[klutʃɪt]
cortar (vt)	kácet	[ka:tsɛt]
desflorestar (vt)	odlesnit	[odlesnɪt]
toco, cepo (m)	pařez (m)	[parʒɛz]

fogueira (f)	oheň (m)	[ohɛnʲ]
incêndio (m) florestal	požár (m)	[poʒa:r]
apagar (vt)	hasit	[hasɪt]

guarda-parque (m)	hajný (m)	[hajni:]
proteção (f)	ochrana (ž)	[oxrana]
proteger (a natureza)	chránit	[xra:nɪt]
caçador (m) furtivo	pytlák (m)	[pɪtla:k]
armadilha (f)	past (ž)	[past]

| colher (cogumelos, bagas) | sbírat | [zbi:rat] |
| perder-se (vr) | zabloudit | [zabloudɪt] |

84. Recursos naturais

recursos (m pl) naturais	přírodní zdroje (m mn)	[prʃi:rodni: zdrojɛ]
minerais (m pl)	užitkové nerosty (m mn)	[uʒɪtkovɛ: nɛrostɪ]
depósitos (m pl)	ložisko (s)	[loʒɪsko]
jazida (f)	naleziště (s)	[nalezɪʃte]

extrair (vt)	dobývat	[dobi:vat]
extração (f)	těžba (ž)	[teʒba]
minério (m)	ruda (ž)	[ruda]
mina (f)	důl (m)	[du:l]
poço (m) de mina	šachta (ž)	[ʃaxta]
mineiro (m)	horník (m)	[horni:k]

| gás (m) | plyn (m) | [plɪn] |
| gasoduto (m) | plynovod (m) | [plɪnovot] |

petróleo (m)	ropa (ž)	[ropa]
oleoduto (m)	ropovod (m)	[ropovot]
poço (m) de petróleo	ropová věž (ž)	[ropova: veʃ]

| torre (f) petrolífera | vrtná věž (ž) | [vrtna: veʃ] |
| petroleiro (m) | tanková loď (ž) | [taŋkova: lotʲ] |

areia (f)	písek (m)	[pi:sɛk]
calcário (m)	vápenec (m)	[va:pɛnɛts]
cascalho (m)	štěrk (m)	[ʃterk]
turfa (f)	rašelina (ž)	[raʃɛlɪna]
argila (f)	hlína (ž)	[hli:na]
carvão (m)	uhlí (s)	[uhli:]

ferro (m)	železo (s)	[ʒelɛzo]
ouro (m)	zlato (s)	[zlato]
prata (f)	stříbro (s)	[strʃi:bro]
níquel (m)	nikl (m)	[nɪkl]
cobre (m)	měď (ž)	[mnetʲ]

zinco (m)	zinek (m)	[zɪnɛk]
manganês (m)	mangan (m)	[mangan]
mercúrio (m)	rtuť (ž)	[rtutʲ]
chumbo (m)	olovo (s)	[olovo]

mineral (m)	minerál (m)	[mɪnɛra:l]
cristal (m)	krystal (m)	[krɪstal]
mármore (m)	mramor (m)	[mramor]
urânio (m)	uran (m)	[uran]

85. Tempo

tempo (m)	počasí (s)	[potʃasi:]
previsão (f) do tempo	předpověď (ž) počasí	[prʃɛtpovetʲ potʃasi:]
temperatura (f)	teplota (ž)	[tɛplota]
termômetro (m)	teploměr (m)	[tɛplomner]
barômetro (m)	barometr (m)	[baromɛtr]

umidade (f)	vlhkost (ž)	[vlxkost]
calor (m)	horko (s)	[horko]
tórrido (adj)	horký	[horki:]
está muito calor	horko	[horko]

| está calor | teplo | [tɛplo] |
| quente (morno) | teplý | [tɛpli:] |

| está frio | je zima | [jɛ zɪma] |
| frio (adj) | studený | [studɛni:] |

sol (m)	slunce (s)	[sluntsɛ]
brilhar (vi)	svítit	[svi:tɪt]
de sol, ensolarado	slunečný	[slunɛtʃni:]
nascer (vi)	vzejít	[vzɛji:t]
pôr-se (vr)	zapadnout	[zapadnout]

nuvem (f)	mrak (m)	[mrak]
nublado (adj)	oblačný	[oblatʃni:]
nuvem (f) preta	mračno (s)	[mratʃno]

escuro, cinzento (adj)	pochmurný	[poxmurni:]
chuva (f)	déšť (m)	[dɛ:ʃtʲ]
está a chover	prší	[prʃi:]
chuvoso (adj)	deštivý	[dɛʃtɪvi:]
chuviscar (vi)	mrholit	[mrholɪt]

chuva (f) torrencial	liják (m)	[lɪja:k]
aguaceiro (m)	liják (m)	[lɪja:k]
forte (chuva, etc.)	silný	[sɪlni:]
poça (f)	kaluž (ž)	[kaluʃ]
molhar-se (vr)	moknout	[moknout]

nevoeiro (m)	mlha (ž)	[mlha]
de nevoeiro	mlhavý	[mlhavi:]
neve (f)	sníh (m)	[sni:x]
está nevando	sněží	[sneʒi:]

86. Tempo extremo. Catástrofes naturais

trovoada (f)	bouřka (ž)	[bourʃka]
relâmpago (m)	blesk (m)	[blɛsk]
relampejar (vi)	blýskat se	[bli:skat sɛ]

trovão (m)	hřmění (s)	[hrʒmneni:]
trovejar (vi)	hřmít	[hrʒmi:t]
está trovejando	hřmí	[hrʒmi:]

| granizo (m) | kroupy (ž mn) | [kroupɪ] |
| está caindo granizo | padají kroupy | [padaji: kroupɪ] |

| inundar (vt) | zaplavit | [zaplavɪt] |
| inundação (f) | povodeň (ž) | [povodɛnʲ] |

terremoto (m)	zemětřesení (s)	[zɛmnetrʃɛsɛni:]
abalo, tremor (m)	otřes (m)	[otrʃɛs]
epicentro (m)	epicentrum (s)	[ɛpɪʦɛntrum]

| erupção (f) | výbuch (m) | [vi:bux] |
| lava (f) | láva (ž) | [la:va] |

tornado (m)	smršť (ž)	[smrʃtʲ]
tornado (m)	tornádo (s)	[torna:do]
tufão (m)	tajfun (m)	[tajfun]

furacão (m)	hurikán (m)	[hurɪka:n]
tempestade (f)	bouřka (ž)	[bourʃka]
tsunami (m)	tsunami (s)	[tsunamɪ]

ciclone (m)	cyklón (m)	[ʦiklo:n]
mau tempo (m)	nečas (m)	[nɛtʃas]
incêndio (m)	požár (m)	[poʒa:r]
catástrofe (f)	katastrofa (ž)	[katastrofa]
meteorito (m)	meteorit (m)	[mɛtɛorɪt]
avalanche (f)	lavina (ž)	[lavɪna]

deslizamento (m) de neve	**lavina** (ž)	[lavɪna]
nevasca (f)	**metelice** (ž)	[mɛtɛlɪʦɛ]
tempestade (f) de neve	**vánice** (ž)	[vaːnɪʦɛ]

FAUNA

87. Mamíferos. Predadores

predador (m)	šelma (ž)	[ʃɛlma]
tigre (m)	tygr (m)	[tɪgr]
leão (m)	lev (m)	[lɛf]
lobo (m)	vlk (m)	[vlk]
raposa (f)	liška (ž)	[lɪʃka]
jaguar (m)	jaguár (m)	[jagua:r]
leopardo (m)	levhart (m)	[lɛvhart]
chita (f)	gepard (m)	[gɛpart]
pantera (f)	panter (m)	[pantɛr]
puma (m)	puma (ž)	[puma]
leopardo-das-neves (m)	pardál (m)	[parda:l]
lince (m)	rys (m)	[rɪs]
coiote (m)	kojot (m)	[kojot]
chacal (m)	šakal (m)	[ʃakal]
hiena (f)	hyena (ž)	[hɪena]

88. Animais selvagens

animal (m)	zvíře (s)	[zvi:rʒɛ]
besta (f)	zvíře (s)	[zvi:rʒɛ]
esquilo (m)	veverka (ž)	[vɛvɛrka]
ouriço (m)	ježek (m)	[jɛʒek]
lebre (f)	zajíc (m)	[zaji:ts]
coelho (m)	králík (m)	[kra:li:k]
texugo (m)	jezevec (m)	[jɛzɛvɛts]
guaxinim (m)	mýval (m)	[mi:val]
hamster (m)	křeček (m)	[krʃɛtʃɛk]
marmota (f)	svišť (m)	[svɪʃtʲ]
toupeira (f)	krtek (m)	[krtɛk]
rato (m)	myš (ž)	[mɪʃ]
ratazana (f)	krysa (ž)	[krɪsa]
morcego (m)	netopýr (m)	[nɛtopi:r]
arminho (m)	hranostaj (m)	[hranostaj]
zibelina (f)	sobol (m)	[sobol]
marta (f)	kuna (ž)	[kuna]
doninha (f)	lasice (ž)	[lasɪtsɛ]
visom (m)	norek (m)	[norɛk]

| castor (m) | bobr (m) | [bobr] |
| lontra (f) | vydra (ž) | [vɪdra] |

cavalo (m)	kůň (m)	[kuːnʲ]
alce (m)	los (m)	[los]
veado (m)	jelen (m)	[jɛlɛn]
camelo (m)	velbloud (m)	[vɛlblout]

bisão (m)	bizon (m)	[bɪzon]
auroque (m)	zubr (m)	[zubr]
búfalo (m)	buvol (m)	[buvol]

zebra (f)	zebra (ž)	[zɛbra]
antílope (m)	antilopa (ž)	[antɪlopa]
corça (f)	srnka (ž)	[srŋka]
gamo (m)	daněk (m)	[danek]
camurça (f)	kamzík (m)	[kamziːk]
javali (m)	vepř (m)	[vɛprʃ]

baleia (f)	velryba (ž)	[vɛlrɪba]
foca (f)	tuleň (m)	[tulɛnʲ]
morsa (f)	mrož (m)	[mroʃ]
urso-marinho (m)	lachtan (m)	[laxtan]
golfinho (m)	delfín (m)	[dɛlfiːn]

urso (m)	medvěd (m)	[mɛdvet]
urso (m) polar	bílý medvěd (m)	[biːliː mɛdvet]
panda (m)	panda (ž)	[panda]

macaco (m)	opice (ž)	[opɪtsɛ]
chimpanzé (m)	šimpanz (m)	[ʃɪmpanz]
orangotango (m)	orangutan (m)	[orangutan]
gorila (m)	gorila (ž)	[gorɪla]
macaco (m)	makak (m)	[makak]
gibão (m)	gibon (m)	[gɪbon]

elefante (m)	slon (m)	[slon]
rinoceronte (m)	nosorožec (m)	[nosoroʒɛts]
girafa (f)	žirafa (ž)	[ʒɪrafa]
hipopótamo (m)	hroch (m)	[hrox]

| canguru (m) | klokan (m) | [klokan] |
| coala (m) | koala (ž) | [koala] |

mangusto (m)	promyka (ž) indická	[promɪka ɪndɪtskaː]
chinchila (f)	činčila (ž)	[tʃɪntʃɪla]
cangambá (f)	skunk (m)	[skuŋk]
porco-espinho (m)	dikobraz (m)	[dɪkobras]

89. Animais domésticos

gata (f)	kočka (ž)	[kotʃka]
gato (m) macho	kocour (m)	[kotsour]
cão (m)	pes (m)	[pɛs]

cavalo (m)	**kůň** (m)	[kuːnʲ]
garanhão (m)	**hřebec** (m)	[hrʒɛbɛʦ]
égua (f)	**kobyla** (ž)	[kobɪla]
vaca (f)	**kráva** (ž)	[kraːva]
touro (m)	**býk** (m)	[biːk]
boi (m)	**vůl** (m)	[vuːl]
ovelha (f)	**ovce** (ž)	[ovʦɛ]
carneiro (m)	**beran** (m)	[bɛran]
cabra (f)	**koza** (ž)	[koza]
bode (m)	**kozel** (m)	[kozɛl]
burro (m)	**osel** (m)	[osɛl]
mula (f)	**mul** (m)	[mul]
porco (m)	**prase** (s)	[prasɛ]
leitão (m)	**prasátko** (s)	[prasaːtko]
coelho (m)	**králík** (m)	[kraːliːk]
galinha (f)	**slepice** (ž)	[slɛpɪʦɛ]
galo (m)	**kohout** (m)	[kohout]
pata (f), pato (m)	**kachna** (ž)	[kaxna]
pato (m)	**kačer** (m)	[katʃɛr]
ganso (m)	**husa** (ž)	[husa]
peru (m)	**krocan** (m)	[kroʦan]
perua (f)	**krůta** (ž)	[kruːta]
animais (m pl) domésticos	**domácí zvířata** (s mn)	[domaːʦi zviːrʒata]
domesticado (adj)	**ochočený**	[oxotʃɛniː]
domesticar (vt)	**ochočovat**	[oxotʃovat]
criar (vt)	**chovat**	[xovat]
fazenda (f)	**farma** (ž)	[farma]
aves (f pl) domésticas	**drůbež** (ž)	[druːbɛʃ]
gado (m)	**dobytek** (m)	[dobɪtɛk]
rebanho (m), manada (f)	**stádo** (s)	[staːdo]
estábulo (m)	**stáj** (ž)	[staːj]
chiqueiro (m)	**vepřín** (m)	[vɛprʃiːn]
estábulo (m)	**kravín** (m)	[kraviːn]
coelheira (f)	**králíkárna** (ž)	[kraːliːkaːrna]
galinheiro (m)	**kurník** (m)	[kurniːk]

90. Pássaros

pássaro (m), ave (f)	**pták** (m)	[ptaːk]
pombo (m)	**holub** (m)	[holup]
pardal (m)	**vrabec** (m)	[vrabɛʦ]
chapim-real (m)	**sýkora** (ž)	[siːkora]
pega-rabuda (f)	**straka** (ž)	[straka]
corvo (m)	**havran** (m)	[havran]

gralha-cinzenta (f)	vrána (ž)	[vra:na]
gralha-de-nuca-cinzenta (f)	kavka (ž)	[kafka]
gralha-calva (f)	polní havran (m)	[polni: havran]
pato (m)	kachna (ž)	[kaxna]
ganso (m)	husa (ž)	[husa]
faisão (m)	bažant (m)	[baʒant]
águia (f)	orel (m)	[orɛl]
açor (m)	jestřáb (m)	[jɛstrʃa:p]
falcão (m)	sokol (m)	[sokol]
abutre (m)	sup (m)	[sup]
condor (m)	kondor (m)	[kondor]
cisne (m)	labuť (ž)	[labutʲ]
grou (m)	jeřáb (m)	[jɛrʒa:p]
cegonha (f)	čáp (m)	[ʧa:p]
papagaio (m)	papoušek (m)	[papouʃɛk]
beija-flor (m)	kolibřík (m)	[kolɪbrʒi:k]
pavão (m)	páv (m)	[pa:f]
avestruz (m)	pštros (m)	[pʃtros]
garça (f)	volavka (ž)	[volafka]
flamingo (m)	plameňák (m)	[plamɛnʲa:k]
pelicano (m)	pelikán (m)	[pɛlɪka:n]
rouxinol (m)	slavík (m)	[slavi:k]
andorinha (f)	vlaštovka (ž)	[vlaʃtofka]
tordo-zornal (m)	drozd (m)	[drozt]
tordo-músico (m)	zpěvný drozd (m)	[spevni: drozt]
melro-preto (m)	kos (m)	[kos]
andorinhão (m)	rorejs (m)	[rorɛjs]
cotovia (f)	skřivan (m)	[skrʃɪvan]
codorna (f)	křepel (m)	[krʃɛpɛl]
pica-pau (m)	datel (m)	[datɛl]
cuco (m)	kukačka (ž)	[kukaʧka]
coruja (f)	sova (ž)	[sova]
bufo-real (m)	výr (m)	[vi:r]
tetraz-grande (m)	tetřev (m) hlušec	[tɛtrʃɛv hluʃɛts]
tetraz-lira (m)	tetřev (m)	[tɛtrʃɛf]
perdiz-cinzenta (f)	koroptev (ž)	[koroptɛf]
estorninho (m)	špaček (m)	[ʃpaʧɛk]
canário (m)	kanár (m)	[kana:r]
galinha-do-mato (f)	jeřábek (m)	[jɛrʒa:bɛk]
tentilhão (m)	pěnkava (ž)	[peŋkava]
dom-fafe (m)	hejl (m)	[hɛjl]
gaivota (f)	racek (m)	[ratsɛk]
albatroz (m)	albatros (m)	[albatros]
pinguim (m)	tučňák (m)	[tuʧnʲa:k]

91. Peixes. Animais marinhos

brema (f)	cejn (m)	[ʦɛjn]
carpa (f)	kapr (m)	[kapr]
perca (f)	okoun (m)	[okoun]
siluro (m)	sumec (m)	[sumɛʦ]
lúcio (m)	štika (ž)	[ʃtɪka]
salmão (m)	losos (m)	[losos]
esturjão (m)	jeseter (m)	[jɛsɛtɛr]
arenque (m)	sleď (ž)	[slɛtʲ]
salmão (m) do Atlântico	losos (m)	[losos]
cavala, sarda (f)	makrela (ž)	[makrɛla]
solha (f), linguado (m)	platýs (m)	[plati:s]
lúcio perca (m)	candát (m)	[ʦanda:t]
bacalhau (m)	treska (ž)	[trɛska]
atum (m)	tuňák (m)	[tunʲa:k]
truta (f)	pstruh (m)	[pstrux]
enguia (f)	úhoř (m)	[u:horʃ]
raia (f) elétrica	rejnok (m) elektrický	[rɛjnok ɛlɛktrɪtski:]
moreia (f)	muréna (ž)	[murɛ:na]
piranha (f)	piraňa (ž)	[pɪranʲja]
tubarão (m)	žralok (m)	[ʒralok]
golfinho (m)	delfín (m)	[dɛlfi:n]
baleia (f)	velryba (ž)	[vɛlrɪba]
caranguejo (m)	krab (m)	[krap]
água-viva (f)	medúza (ž)	[mɛdu:za]
polvo (m)	chobotnice (ž)	[xobotnɪʦɛ]
estrela-do-mar (f)	hvězdice (ž)	[hvezdɪʦɛ]
ouriço-do-mar (m)	ježovka (ž)	[jɛʒofka]
cavalo-marinho (m)	mořský koníček (m)	[morʃski: koni:ʧɛk]
ostra (f)	ústřice (ž)	[u:strʃɪʦɛ]
camarão (m)	kreveta (ž)	[krɛvɛta]
lagosta (f)	humr (m)	[humr]
lagosta (f)	langusta (ž)	[langusta]

92. Anfíbios. Répteis

cobra (f)	had (m)	[hat]
venenoso (adj)	jedovatý	[jɛdovati:]
víbora (f)	zmije (ž)	[zmɪjɛ]
naja (f)	kobra (ž)	[kobra]
píton (m)	krajta (ž)	[krajta]
jiboia (f)	hroznýš (m)	[hrozni:ʃ]
cobra-de-água (f)	užovka (ž)	[uʒofka]

| cascavel (f) | chřestýš (m) | [xrʃɛsti:ʃ] |
| anaconda (f) | anakonda (ž) | [anakonda] |

lagarto (m)	ještěrka (ž)	[jɛʃterka]
iguana (f)	leguán (m)	[lɛgua:n]
varano (m)	varan (m)	[varan]
salamandra (f)	mlok (m)	[mlok]
camaleão (m)	chameleón (m)	[xamɛlɛo:n]
escorpião (m)	štír (m)	[ʃti:r]

tartaruga (f)	želva (ž)	[ʒelva]
rã (f)	žába (ž)	[ʒa:ba]
sapo (m)	ropucha (ž)	[ropuxa]
crocodilo (m)	krokodýl (m)	[krokodi:l]

93. Insetos

inseto (m)	hmyz (m)	[hmɪz]
borboleta (f)	motýl (m)	[moti:l]
formiga (f)	mravenec (m)	[mravɛnɛts]
mosca (f)	moucha (ž)	[mouxa]
mosquito (m)	komár (m)	[koma:r]
escaravelho (m)	brouk (m)	[brouk]

vespa (f)	vosa (ž)	[vosa]
abelha (f)	včela (ž)	[vtʃela]
mamangaba (f)	čmelák (m)	[tʃmɛla:k]
moscardo (m)	střeček (m)	[strʃɛtʃɛk]

| aranha (f) | pavouk (m) | [pavouk] |
| teia (f) de aranha | pavučina (ž) | [pavutʃɪna] |

libélula (f)	vážka (ž)	[va:ʃka]
gafanhoto (m)	kobylka (ž)	[kobɪlka]
traça (f)	motýl (m)	[moti:l]

barata (f)	šváb (m)	[ʃva:p]
carrapato (m)	klíště (s)	[kli:ʃte]
pulga (f)	blecha (ž)	[blɛxa]
borrachudo (m)	muška (ž)	[muʃka]

gafanhoto (m)	saranče (ž)	[sarantʃɛ]
caracol (m)	hlemýžď (m)	[hlɛmi:ʒtʲ]
grilo (m)	cvrček (m)	[tsvrtʃɛk]
pirilampo, vaga-lume (m)	svatojánská muška (ž)	[svatoja:nska muʃka]
joaninha (f)	slunéčko (s) sedmitečné	[slunɛ:tʃko sɛdmɪtɛtʃnɛ:]
besouro (m)	chroust (m)	[xroust]

sanguessuga (f)	piavice (ž)	[pɪavɪtsɛ]
lagarta (f)	housenka (ž)	[housɛnka]
minhoca (f)	červ (m)	[tʃɛrʃ]
larva (f)	larva (ž)	[larva]

FLORA

94. Árvores

árvore (f)	**strom** (m)	[strom]
decídua (adj)	**listnatý**	[lɪstnati:]
conífera (adj)	**jehličnatý**	[jɛhlɪʧnati:]
perene (adj)	**stálezelená**	[sta:lɛzɛlɛna:]
macieira (f)	**jabloň** (ž)	[jablonʲ]
pereira (f)	**hruška** (ž)	[hruʃka]
cerejeira (f)	**třešně** (ž)	[trʃɛʃne]
ginjeira (f)	**višně** (ž)	[vɪʃne]
ameixeira (f)	**švestka** (ž)	[ʃvɛstka]
bétula (f)	**bříza** (ž)	[brʒi:za]
carvalho (m)	**dub** (m)	[dup]
tília (f)	**lípa** (ž)	[li:pa]
choupo-tremedor (m)	**osika** (ž)	[osɪka]
bordo (m)	**javor** (m)	[javor]
espruce (m)	**smrk** (m)	[smrk]
pinheiro (m)	**borovice** (ž)	[borovɪtsɛ]
alerce, lariço (m)	**modřín** (m)	[modrʒi:n]
abeto (m)	**jedle** (ž)	[jɛdlɛ]
cedro (m)	**cedr** (m)	[tsɛdr]
choupo, álamo (m)	**topol** (m)	[topol]
tramazeira (f)	**jeřáb** (m)	[jɛrʒa:p]
salgueiro (m)	**jíva** (ž)	[ji:va]
amieiro (m)	**olše** (ž)	[olʃɛ]
faia (f)	**buk** (m)	[buk]
ulmeiro, olmo (m)	**jilm** (m)	[jɪlm]
freixo (m)	**jasan** (m)	[jasan]
castanheiro (m)	**kaštan** (m)	[kaʃtan]
magnólia (f)	**magnólie** (ž)	[magno:lɪe]
palmeira (f)	**palma** (ž)	[palma]
cipreste (m)	**cypřiš** (m)	[tsɪprʃɪʃ]
mangue (m)	**mangróvie** (ž)	[mangro:vɪe]
embondeiro, baobá (m)	**baobab** (m)	[baobap]
eucalipto (m)	**eukalypt** (m)	[ɛukalɪpt]
sequoia (f)	**sekvoje** (ž)	[sɛkvojɛ]

95. Arbustos

arbusto (m)	**keř** (m)	[kɛrʃ]
arbusto (m), moita (f)	**křoví** (s)	[krʃovi:]

| videira (f) | vinná réva (s) | [vɪnna: reːva] |
| vinhedo (m) | vinice (ž) | [vɪnɪtsɛ] |

framboeseira (f)	maliny (ž mn)	[malɪnɪ]
groselheira-vermelha (f)	červený rybíz (m)	[ʧɛrvɛni: rɪbiːz]
groselheira (f) espinhosa	angrešt (m)	[angrɛʃt]

acácia (f)	akácie (ž)	[aka:tsɪe]
bérberis (f)	dřišťál (m)	[drʒɪʃťaːl]
jasmim (m)	jasmín (m)	[jasmiːn]

junípero (m)	jalovec (m)	[jalovɛts]
roseira (f)	růžový keř (m)	[ruːʒovi: kɛrʃ]
roseira (f) brava	šípek (m)	[ʃiːpɛk]

96. Frutos. Bagas

maçã (f)	jablko (s)	[jablko]
pera (f)	hruška (ž)	[hruʃka]
ameixa (f)	švestka (ž)	[ʃvɛstka]
morango (m)	zahradní jahody (ž mn)	[zahradni: jahodɪ]
ginja (f)	višně (ž)	[vɪʃne]
cereja (f)	třešně (ž mn)	[trʃɛʃne]
uva (f)	hroznové víno (s)	[hroznovɛ: viːno]

framboesa (f)	maliny (ž mn)	[malɪnɪ]
groselha (f) negra	černý rybíz (m)	[ʧɛrni: rɪbiːz]
groselha (f) vermelha	červený rybíz (m)	[ʧɛrvɛni: rɪbiːz]
groselha (f) espinhosa	angrešt (m)	[angrɛʃt]
oxicoco (m)	klikva (ž)	[klɪkva]
laranja (f)	pomeranč (m)	[pomɛranʧ]
tangerina (f)	mandarinka (ž)	[mandarɪŋka]
abacaxi (m)	ananas (m)	[ananas]
banana (f)	banán (m)	[banaːn]
tâmara (f)	datle (ž)	[datlɛ]

limão (m)	citrón (m)	[tsɪtroːn]
damasco (m)	meruňka (ž)	[mɛrunʲka]
pêssego (m)	broskev (ž)	[broskɛf]
quiuí (m)	kiwi (s)	[kɪvɪ]
toranja (f)	grapefruit (m)	[grɛjpfruːt]

baga (f)	bobule (ž)	[bobulɛ]
bagas (f pl)	bobule (ž mn)	[bobulɛ]
arando (m) vermelho	brusinky (ž mn)	[brusɪŋkɪ]
morango-silvestre (m)	jahody (ž mn)	[jahodɪ]
mirtilo (m)	borůvky (ž mn)	[boruːfkɪ]

97. Flores. Plantas

| flor (f) | květina (ž) | [kvetɪna] |
| buquê (m) de flores | kytice (ž) | [kɪtɪtsɛ] |

rosa (f)	růže (ž)	[ruːʒe]
tulipa (f)	tulipán (m)	[tulɪpaːn]
cravo (m)	karafiát (m)	[karafɪaːt]
gladíolo (m)	mečík (m)	[mɛtʃiːk]
centáurea (f)	chrpa (ž)	[xrpa]
campainha (f)	zvoneček (m)	[zvonɛtʃɛk]
dente-de-leão (m)	pampeliška (ž)	[pampɛlɪʃka]
camomila (f)	heřmánek (m)	[hɛrʒmaːnɛk]
aloé (m)	aloe (s)	[aloɛ]
cacto (m)	kaktus (m)	[kaktus]
fícus (m)	fíkus (m)	[fiːkus]
lírio (m)	lilie (ž)	[lɪlɪe]
gerânio (m)	geránie (ž)	[geraːnɪe]
jacinto (m)	hyacint (m)	[hɪatsɪnt]
mimosa (f)	citlivka (ž)	[tsɪtlɪfka]
narciso (m)	narcis (m)	[nartsɪs]
capuchinha (f)	potočnice (ž)	[pototʃnɪtsɛ]
orquídea (f)	orchidej (ž)	[orxɪdɛj]
peônia (f)	pivoňka (ž)	[pɪvonʲka]
violeta (f)	fialka (ž)	[fɪalka]
amor-perfeito (m)	maceška (ž)	[matsɛʃka]
não-me-esqueças (m)	pomněnka (ž)	[pomneŋka]
margarida (f)	sedmikráska (ž)	[sɛdmɪkraːska]
papoula (f)	mák (m)	[maːk]
cânhamo (m)	konopě (ž)	[konope]
hortelã, menta (f)	máta (ž)	[maːta]
lírio-do-vale (m)	konvalinka (ž)	[konvalɪŋka]
campânula-branca (f)	sněženka (ž)	[sneʒeŋka]
urtiga (f)	kopřiva (ž)	[koprʃɪva]
azedinha (f)	šťovík (m)	[ʃtʲoviːk]
nenúfar (m)	leknín (m)	[lɛkniːn]
samambaia (f)	kapradí (s)	[kapradiː]
líquen (m)	lišejník (m)	[lɪʃɛjniːk]
estufa (f)	oranžérie (ž)	[oranʒeːrɪe]
gramado (m)	trávník (m)	[traːvniːk]
canteiro (m) de flores	květinový záhonek (m)	[kvetɪnoviː zaːhonɛk]
planta (f)	rostlina (ž)	[rostlɪna]
grama (f)	tráva (ž)	[traːva]
folha (f) de grama	stéblo (s) trávy	[stɛːblo traːvɪ]
folha (f)	list (m)	[lɪst]
pétala (f)	okvětní lístek (m)	[okvetni liːstɛk]
talo (m)	stéblo (s)	[stɛːblo]
tubérculo (m)	hlíza (ž)	[hliːza]
broto, rebento (m)	výhonek (m)	[viːhonɛk]

espinho (m)	**osten** (m)	[ostɛn]
florescer (vi)	**kvést**	[kvɛ:st]
murchar (vi)	**vadnout**	[vadnout]
cheiro (m)	**vůně** (ž)	[vu:ne]
cortar (flores)	**uříznout**	[urʒi:znout]
colher (uma flor)	**utrhnout**	[utrhnout]

98. Cereais, grãos

grão (m)	**obilí** (s)	[obɪli:]
cereais (plantas)	**obilniny** (ž mn)	[obɪlnɪnɪ]
espiga (f)	**klas** (m)	[klas]

trigo (m)	**pšenice** (ž)	[pʃɛnɪtsɛ]
centeio (m)	**žito** (s)	[ʒɪto]
aveia (f)	**oves** (m)	[ovɛs]
painço (m)	**jáhly** (ž mn)	[ja:hlɪ]
cevada (f)	**ječmen** (m)	[jɛtʃmɛn]

milho (m)	**kukuřice** (ž)	[kukurʒɪtsɛ]
arroz (m)	**rýže** (ž)	[ri:ʒe]
trigo-sarraceno (m)	**pohanka** (ž)	[pohaŋka]

ervilha (f)	**hrách** (m)	[hra:x]
feijão (m) roxo	**fazole** (ž)	[fazolɛ]
soja (f)	**sója** (ž)	[so:ja]
lentilha (f)	**čočka** (ž)	[tʃotʃka]
feijão (m)	**boby** (m mn)	[bobɪ]

PAÍSES DO MUNDO

99. Países. Parte 1

Afeganistão (m)	Afghánistán (m)	[afga:nɪsta:n]
África (f) do Sul	Jihoafrická republika (ž)	[jɪhoafrɪtska: rɛpublɪka]
Albânia (f)	Albánie (ž)	[alba:nɪe]
Alemanha (f)	Německo (s)	[nemɛtsko]
Arábia (f) Saudita	Saúdská Arábie (ž)	[sau:dska: ara:bɪe]
Argentina (f)	Argentina (ž)	[argɛntɪna]
Armênia (f)	Arménie (ž)	[armɛ:nɪe]
Austrália (f)	Austrálie (ž)	[austra:lɪe]
Áustria (f)	Rakousko (s)	[rakousko]
Azerbaijão (m)	Ázerbájdžán (m)	[a:zɛrba:jdʒa:n]
Bahamas (f pl)	Bahamy (ž mn)	[bahamɪ]
Bangladesh (m)	Bangladéš (m)	[bangladɛ:ʃ]
Bélgica (f)	Belgie (ž)	[bɛlgɪe]
Belarus	Bělorusko (s)	[belorusko]
Bolívia (f)	Bolívie (ž)	[boli:vɪe]
Bósnia e Herzegovina (f)	Bosna a Hercegovina (ž)	[bosna a hɛrtsɛgovɪna]
Brasil (m)	Brazílie (ž)	[brazi:lɪe]
Bulgária (f)	Bulharsko (s)	[bulharsko]
Camboja (f)	Kambodža (ž)	[kambodʒa]
Canadá (m)	Kanada (ž)	[kanada]
Cazaquistão (m)	Kazachstán (m)	[kazaxsta:n]
Chile (m)	Chile (s)	[tʃɪlɛ]
China (f)	Čína (ž)	[tʃi:na]
Chipre (m)	Kypr (m)	[kɪpr]
Colômbia (f)	Kolumbie (ž)	[kolumbɪe]
Coreia (f) do Norte	Severní Korea (ž)	[severni: korɛa]
Coreia (f) do Sul	Jižní Korea (ž)	[jɪʒni: korɛa]
Croácia (f)	Chorvatsko (s)	[xorvatsko]
Cuba (f)	Kuba (ž)	[kuba]
Dinamarca (f)	Dánsko (s)	[da:nsko]
Egito (m)	Egypt (m)	[ɛgɪpt]
Emirados Árabes Unidos	Spojené arabské emiráty (m mn)	[spojɛnɛ: arapskɛ: ɛmɪra:tɪ]
Equador (m)	Ekvádor (m)	[ɛkva:dor]
Escócia (f)	Skotsko (s)	[skotsko]
Eslováquia (f)	Slovensko (s)	[slovɛnsko]
Eslovênia (f)	Slovinsko (s)	[slovɪnsko]
Espanha (f)	Španělsko (s)	[ʃpanelsko]
Estados Unidos da América	Spojené státy (m mn) americké	[spojɛnɛ: sta:tɪ amɛrɪtskɛ:]
Estônia (f)	Estonsko (s)	[ɛstonsko]

| Finlândia (f) | Finsko (s) | [fɪnsko] |
| França (f) | Francie (ž) | [frantsɪe] |

100. Países. Parte 2

Gana (f)	Ghana (ž)	[gana]
Geórgia (f)	Gruzie (ž)	[gruzɪe]
Grã-Bretanha (f)	Velká Británie (ž)	[vɛlka; brɪta:nɪe]
Grécia (f)	Řecko (s)	[rʒɛtsko]
Haiti (m)	Haiti (s)	[haɪtɪ]
Hungria (f)	Maďarsko (s)	[madʲarsko]
Índia (f)	Indie (ž)	[ɪndɪe]

Indonésia (f)	Indonésie (ž)	[ɪndonɛ:zɪe]
Inglaterra (f)	Anglie (ž)	[anglɪe]
Irã (m)	Írán (m)	[i:ra:n]
Iraque (m)	Irák (m)	[ɪra:k]
Irlanda (f)	Irsko (s)	[ɪrsko]
Islândia (f)	Island (m)	[ɪslant]
Israel (m)	Izrael (m)	[ɪzraɛl]

Itália (f)	Itálie (ž)	[ɪta:lɪe]
Jamaica (f)	Jamajka (ž)	[jamajka]
Japão (m)	Japonsko (s)	[japonsko]
Jordânia (f)	Jordánsko (s)	[jorda:nsko]
Kuwait (m)	Kuvajt (m)	[kuvajt]

| Laos (m) | Laos (m) | [laos] |
| Letônia (f) | Lotyšsko (s) | [lotɪʃsko] |

Líbano (m)	Libanon (m)	[lɪbanon]
Líbia (f)	Libye (ž)	[lɪbɪe]
Liechtenstein (m)	Lichtenštejnsko (s)	[lɪxtɛnʃtɛjnsko]
Lituânia (f)	Litva (ž)	[lɪtva]
Luxemburgo (m)	Lucembursko (s)	[lutsɛmbursko]

| Macedônia (f) | Makedonie (ž) | [makɛdonɪe] |
| Madagascar (m) | Madagaskar (m) | [madagaskar] |

Malásia (f)	Malajsie (ž)	[malajzɪe]
Malta (f)	Malta (ž)	[malta]
Marrocos	Maroko (s)	[maroko]
México (m)	Mexiko (s)	[mɛksɪko]
Birmânia (f)	Barma (ž)	[barma]

| Moldávia (f) | Moldavsko (s) | [moldavsko] |
| Mônaco (m) | Monako (s) | [monako] |

Mongólia (f)	Mongolsko (s)	[mongolsko]
Montenegro (m)	Černá Hora (ž)	[tʃɛrna: hora]
Namíbia (f)	Namibie (ž)	[namɪbɪe]
Nepal (m)	Nepál (m)	[nɛpa:l]
Noruega (f)	Norsko (s)	[norsko]
Nova Zelândia (f)	Nový Zéland (m)	[novi: zɛ:lant]

101. Países. Parte 3

Países Baixos (m pl)	Nizozemí (s)	[nɪzozɛmi:]
Palestina (f)	Palestinská autonomie (ž)	[palɛstɪnska: autonomɪe]
Panamá (m)	Panama (ž)	[panama]
Paquistão (m)	Pákistán (m)	[pa:kɪsta:n]
Paraguai (m)	Paraguay (ž)	[paragvaj]
Peru (m)	Peru (s)	[pɛru]
Polinésia (f) Francesa	Francouzská Polynésie (ž)	[franʦouska: polɪnɛ:zɪe]
Polônia (f)	Polsko (s)	[polsko]
Portugal (m)	Portugalsko (s)	[portugalsko]
Quênia (f)	Keňa (ž)	[kɛnʲa]
Quirguistão (m)	Kyrgyzstán (m)	[kɪrgɪsta:n]
República (f) Checa	Česko (s)	[ʧɛsko]
República Dominicana	Dominikánská republika (ž)	[domɪnɪka:nska: rɛpublɪka]
Romênia (f)	Rumunsko (s)	[rumunsko]
Rússia (f)	Rusko (s)	[rusko]
Senegal (m)	Senegal (m)	[sɛnɛgal]
Sérvia (f)	Srbsko (s)	[srpsko]
Síria (f)	Sýrie (ž)	[si:rɪe]
Suécia (f)	Švédsko (s)	[ʃvɛ:tsko]
Suíça (f)	Švýcarsko (s)	[ʃvi:ʦarsko]
Suriname (m)	Surinam (m)	[surɪnam]
Tailândia (f)	Thajsko (s)	[tajsko]
Taiwan (m)	Tchaj-wan (m)	[tajvan]
Tajiquistão (m)	Tádžikistán (m)	[ta:dʒɪkɪsta:n]
Tanzânia (f)	Tanzanie (ž)	[tanzanɪe]
Tasmânia (f)	Tasmánie (ž)	[tasma:nɪe]
Tunísia (f)	Tunisko (s)	[tunɪsko]
Turquemenistão (m)	Turkmenistán (m)	[turkmɛnɪsta:n]
Turquia (f)	Turecko (s)	[turɛʦko]
Ucrânia (f)	Ukrajina (ž)	[ukrajɪna]
Uruguai (m)	Uruguay (ž)	[urugvaj]
Uzbequistão (f)	Uzbekistán (m)	[uzbɛkɪsta:n]
Vaticano (m)	Vatikán (m)	[vatɪka:n]
Venezuela (f)	Venezuela (ž)	[vɛnɛzuɛla]
Vietnã (m)	Vietnam (m)	[vjɛtnam]
Zanzibar (m)	Zanzibar (m)	[zanzɪbar]